Oswald A. Morenz

Edelsteine, Gold und Schmuck
als Geldanlage

Zur Person des Verfassers

Dr. Oswald A. Morenz, 1905 in Dresden geboren, studierte an der Sächsischen Technischen Hochschule Wirtschaftswissenschaften sowie am Dresdner Konservatorium Musik (Klavier) bis zur Konzertreife. Seit 1934 war er Syndikus der Industrie- und Handelskammer Idar-Oberstein sowie Geschäftsführer der Werbestelle für Edelsteine und von Verbänden der Edelsteinindustrie und des Edelsteinhandels. Nach dem Kriege zum Bürgermeister gewählt wurde er nach seiner Pensionierung Verbandssyndikus und hält in seiner Freizeit vielbeachtete Farblichtbildvorträge über Edelsteine in Europa und Übersee. Er ist Verfasser einer Reihe von Edelsteinbüchern kommerziellen Inhalts sowie Mitarbeiter von Fachzeitschriften der Edelstein- und Schmuckbranche. Sein Wohnsitz ist seit 40 Jahren Idar-Oberstein.

OSWALD A. MORENZ

Edelsteine, Gold und Schmuck als Geldanlage

verlag moderne industrie

»Das Foto für den Umschlag wurde von der Edelsteinschleiferei Hans-Dieter Haag, Idar-Oberstein 3, freundlichst zur Verfügung gestellt. Copyright Karl Hartmann, Sobernheim.«

Satz und Druck: Oberammergauer Buch- u. Kunstdruck GmbH.
Bindearbeiten: Thomas, Augsburg
Printed in Germany 510640 / 275305
ISBN 3 - 478 - 51640 - 4

Meinem geliebten »Goldschatz«
zum 40. Hochzeitstag

Inhalt

Vorwort

Inflationäre Zeitläufe haben neben anderen volks- und finanzwirtschaftlichen Begleiterscheinungen eine unangenehme Folge: sie vergrößern den Geldumlauf und erzeugen damit einen Kaufkraftüberhang, der Anlage sucht. Jeder, der wie ich nunmehr die dritte Inflation erlebt, hat entsprechende Erfahrungen gesammelt und weiß zum Beispiel, daß Edelmetalle und Edelsteine in den ersten beiden Inflationen zu begehrten Anlagemöglichkeiten zählten.

Wie jede Kapital- oder Geldanlage, so hat auch die in Edelsteinen ihre Tücken, und nicht jeder, der sie wählte, ist glücklich geworden. Entweder hatte er den Begriff »Anlage« falsch verstanden, oder ihm fehlten entsprechende Voraussetzungen für eine solche sein Portemonnaie betreffende Entscheidung. Für beides genügt nämlich nicht der »gewisse Riecher«, den Spekulanten manchmal besitzen sollen, sondern es gehören Studium und Sachverstand dazu. Wer je die Disziplinen Währungs- und Geldwesen, Finanzwissenschaft und Finanzpolitik studiert hat, weiß, daß allein die Begriffe »Geld« und »Kapital« ziemlich weit voneinander entfernt liegen und daß dies dann notwendigerweise auch für entsprechende Anlagen gelten muß.

Um deshalb von vornherein allzu weitgehende Hoffnungen auf ein vernünftiges Maß zurückzuschrauben, empfehle ich zunächst einmal eine strenge Unterscheidung von Geldanlage, Kapitalanlage und Kapitalsicherung in Edelsteinen.

Mindestens ebenso wichtig sind aber gewisse fachliche Kenntnisse beim Kauf von Edelsteinen. Sie zu vermitteln ist eine der Aufgaben dieses Buches. Dabei kann es sich aber nur um einige Grundkenntnisse handeln, während die Ansprache des mineralogischen Bereichs wegen der Diktion dieses Buches nicht notwendig ist. Wer sich dafür interessiert, dem empfehle ich einige auf der Literaturseite vermerkte Werke der führenden Wissenschaftler der Edelsteinkunde, von denen ich unter vielen anderen die Professoren Dr. Hermann

Bank, Dr. Chudoba, Dr. Strunz, Dr. Pense und den Altmeister der Edelsteinkunde, Georg O. Wild nenne.

Aber auch der Teil des mineralogisch-technischen Bereichs der Welt der Edelsteine, der noch diesseits des eigentlichen wissenschaftlichen Sektors liegt, kann im Rahmen dieses Buches nicht behandelt werden; er würde seinen begrenzten Rahmen sprengen. Interessenten verweise ich auf mein Buch »Wie kauft man Diamanten, Farbsteine, Perlen, Schmuck«, das eigentlich die Grundlage für ein gutes Verständnis des vorliegenden Buches darstellen sollte. Da seine kommerziellen Daten auch nur bis 1970 reichen, ist der vorliegende Band auch eine gewisse Ergänzung des genannten.

Bei der Konzeption des Themas »Edelsteine, Gold und Schmuck als Geldanlage« habe ich mich auf viele sachliche und persönliche Quellen stützen können. In erster Linie muß ich hier den Bundesverband der Importeure und Exporteure von Edelsteinen und Perlen nennen, dessen etwa vierteljährlich erscheinende Publikationen für seine Mitglieder zu den besten gehören, die innerhalb der Branche erscheinen. Auch die beiden führenden Fachzeitschriften »Gold & Silber« (Kohlhammer-Verlag Stuttgart) und dessen Chefredakteur Dr. Klaus Hallwaß und die »Deutsche Goldschmiedezeitung« (Rühle-Diebener-Verlag Stuttgart) – an beiden habe ich Jahrzehnte lang mitgearbeitet – bieten immer wieder wertvollste Beiträge, auf die ich mich vielfach stützen konnte. Das gleiche gilt von der Zeitschrift der Deutschen Gemmologischen Gesellschaft, die unter Federführung ihrer beiden Vorsitzenden Professor Dr. Bank und Dr. Godehard Lenzen einen bedeutenden Aufschwung genommen hat und zu den führenden gemmologischen wissenschaftlichen Vereinigungen der Welt zählt. Auch die genannte Zeitschrift hat weltweite Verbreitung; ich komme in anderem Zusammenhang noch auf sie zurück. Ebenso konnten die mir regelmäßig zugestellten Börsen-Mitteilungen der Frankfurter Diamantenbörse verwertet werden, die eine Fülle von Daten und Nachrichten über die Diamantenindustrien der ganzen Welt bringen.

Persönliche Hinweise und Erläuterungen gaben mir eine Reihe führender Persönlichkeiten der Branche, von denen ich nennen darf den Vorsitzenden des Bundesverbandes der Importeure und Exporteure von Edelsteinen und Perlen sowie Vorsitzenden des Deutschen Diamantrates, Herrn C.A. Neumetzger i. Fa. Jean Wunderlich in Hanau, Herrn Paul Ruppenthal i. Fa. Ruppenthal in Idar-Oberstein, Vorstandsmitglied der Diamant- und Edelsteinbörse Idar-Oberstein, ferner den Präsidenten und den Vizepräsidenten dieser Börse, die Herren Konrad Wild i. Fa. Johann Philipp Wild und Gustav Manz i. Fa. Gustav Manz & Co. in Idar-Oberstein sowie ihre Vorstandsmitglieder Gerd Becker i. Fa. Friedrich August Becker, der zugleich Obmann der Museumskommission des Deutschen Edelsteinmuseums ist, Herbert Graef i. Fa. Julius Graef & Co., ferner Max Hahn, Verfasser des weit verbreiteten Büchleins »Edelsteinkunde, leicht gemacht«, Fritz Wild i. Fa. W. Constantin Wild & Co., Hans Jacob Klein in gleichnamiger Firma und Hans Gordner i. Fa. Hans Gordner, Hettenrodt bei Idar-Oberstein. Diese Herren gaben mir jeweils aus ihrem Fachbereich wertvolle Hinweise ebenso wie der bereits genannte Herr Georg O. Wild, mein verehrter Lehrer, der mich schon ab 1934 in die Welt der Edelsteine einführte. Wertvolle Ratschläge bezüglich Tansaniten, Opalen, Perlen und Tsavoriten verdanke ich den Herren Herbert Schmidt i. Fa. Emil Kreis & Co., Michael Graef in Idar-Oberstein, Emil Weis i. Fa. Emil Weis in Kirschweiler bei Idar-Oberstein sowie Hans Dieter Haag und bezüglich des Schleifens von Diamanten Herrn Walter Cullmann in Tiefenstein. Schließlich haben mich hinsichtlich der Frankfurter Diamantbörse beraten deren geschäftsführender Präsident, mein langjähriger Freund Dr. Johannes Miller sowie Frau Dr. Annette Schosland, London bezüglich der Diamant-Aktien.

Auf einen Gesichtspunkt möchte ich abschließend aufmerksam machen, der bei Themen gleichen oder ähnlichen Inhalts, die dieses Buch behandelt, leider in Kauf genommen werden muß: Ihre Daten und Prognosen haben keinen Anspruch auf Ewigkeitswert. Während Gold und Edelsteine Jahrhunderte lang Fixsterne eines soliden Wert-Depots waren, haben sich ihre Bewertungsmaximen in den letzten Jahren grundlegend geändert. Die Preise sind steil nach oben gegangen. Die Ölkrise hat auch diesen Markt berührt. Solange sich die damit in Zusammenhang stehende Weltlage in bezug auf Währung und Rohstoffe nicht ändert, die Zeichen also weiterhin auf Sturm stehen bleiben, müssen auch zwangsläufig Edelmetalle, Edelsteine und alles, was mit ihnen in Zusammenhang steht, im Mittelpunkt von Anlage-Überlegungen verbleiben. Wer aber kann hier zutreffende Prognosen stellen? Und selbst wenn eine theoretisch aufgestellte Voraussage zufällig einmal zutreffen sollte, wer kann dann ihre Auswirkungen auf die Praxis verbindlich voraussagen? Nicht einmal dem doch in aller

Welt anerkannten Währungstheoretiker Professor Hankel war das vergönnt, dessen Theorien in der Praxis leider versagten.

Man wolle also auch in bezug auf die in diesem Buche veröffentlichten Zahlenangaben und Bewertungsrichtlinien Rücksicht walten lassen. Sie könnten sich genau so schnell ändern wie die Bewertung des Dollars oder der Diamanten und Edelsteine in den letzten Jahren.

Das beste, was wir uns alle wünschen könnten, wäre eine Beruhigung von Daten und Preisen in aller Welt und damit auch in dem hier angesprochenen Bereich. Sollten sie aber ganz zum Stillstand kommen, wäre uns allen geholfen, denn dies würde das Ende der Inflation bedeuten. Dann allerdings müßte auch der größte Teil des Inhalts dieses Buches hinfällig werden. Nichts würde ich mehr begrüßen, und mit mir sicher alle meine verehrten Leser.

Idar-Oberstein, Haus Michael, Januar 1975 *Dr. Oswald Morenz*

I

Edelsteine als Alternative zu anderen Anlageformen

Diamanten, Farbsteine, Juwelen, Edelmetalle, Münzen, Gemmen und Fabergés erfreuen sich immer größerer Aufmerksamkeit des anlagesuchenden Publikums, weil es mit anderen Geldanlagen teilweise schlechte Erfahrungen gemacht hat.

Aktien sind seit 2 Jahren im Schnitt auf die Hälfte ihres Kurswertes zurückgefallen. Rentenpapiere und selbst Staatsanleihen sind gesunken. Der Zinsertrag nach Steuern – auch bei Sparanlagen – war geringer als die Geldentwertung. Je größer die Inflation, desto höher ist der Verlust.

Auch die früher so enthusiastisch angepriesenen Investmentfonds büßten 50% und mehr ihres ursprünglichen Wertes ein; sogar die Ausschüttungen werden gesenkt. Ausländische Fonds wie z. B. IOS, Gramco usw. verschwanden teilweise unter betrügerischen Machenschaften ganz von der Bildfläche; ihre Zeichner – leider auch von prominenten deutschen Standespersonen irregeführt – buchten Totalverlust.

Selbst effektive Sachanlagen wurden notleidend. Abertausende Anleger verloren ganz oder teilweise ihr mühsam erspartes Geld in Immobilien und Abschreibungswerten. Bauskandale und Bankpleiten selbst »erster« Adressen (prominentestes Beispiel: Herstatt-Bank) sorgten für regelrechte Angstneurosen, und Tausende alter Leute wurden durch Fallissements um ihre gesamten Ersparnisse, wenn nicht sogar um ihre Heimstatt gebracht, in der sie sich für ihre alten Tage geborgen glaubten.

Man kann diese traurige Bilanz weiterführen bis zu der Frage, was denn nun in dieser Welt überhaupt noch als sicher gilt und ob sich der Staat nicht durch ein gewisses *laisser faire* am Unrecht einer Inflation mitschuldig macht, die ältere Leute nun schon zum dritten Mal erleben.

Allein 1974 hat ein Loch von 45 Milliarden Mark, mehr als alle Zinserträge, in die privaten Vermögen gerissen; den Sparern bleibt nicht einmal die Substanz.

Wer klug zu sein glaubte und schon vor zehn Jahren einen Darlehens- oder Rentenvertrag auf Goldbasis abschließen wollte, wurde scheel angesehen, weil er angeblich der Inflationsmentalität Vorschub leistete. Wer jedoch gleich Gold kaufte, blieb zunächst auf seinem Goldsack sitzen, der weder im Wert stieg noch Zinsen brachte. Jahre lang verharrte der Goldpreis bei 35 Dollar je Feinunze.

Dennoch: wer damals beides tat, gilt heute als kluger und vorausschauender Mann, denn er hatte aus den früheren Inflationen gelernt, und obwohl er dem so gescholtenen Sachwertdenken verfallen war, hat er recht behalten.

Nun ja, Grund und Boden, Bauwerke, Gemälde alter Meister, ja selbst Aktien und Investment-Anteile sind ja *auch* Sachwerte, aber: welche Sachwerte sind denn nun tatsächlich bombensicher, welche entsprechen den notwendigen Voraussetzungen, um wenigstens das in ihnen investierte Kapital wertmäßig zu erhalten? Und nicht nur effektiv, um diese Werte wenigstens verlustfrei wiederverkaufen zu können, sondern sogar noch zinsbringend?

Es ist kein Zweifel, daß Gemälde alter oder neuer Meister, erstklassige Briefmarkensammlungen, Chinaporzellan, Ostasiatica, ja auch echte Teppiche bester Provenienzen und antike Möbel seit dem letzten Krieg geradezu ungeheuerlich im Wert gestiegen sind. Nur: einen effektiven Gewinn hat man erst in der Tasche, wenn in ihr der Erlös klimpert, d. h. wenn man seine Schätze tatsächlich zu den höheren Preisen wiederverkaufen konnte.

Und hier liegt eben der Haken. Denn wenn überraschend eintretende wirtschaftliche oder politische Ereignisse zum Sofortverkauf zwingen, sind Kassakäufer rar oder bieten nur tief reduzierte Preise. Außerdem machen voluminöse Sachwerte Lager- und Transportschwierigkeiten, denn: »Reichtum muß man flüchten können« (man beachte das feine Abstraktum in diesem Wortspiel!) – sagte schon der erfahrene Generalfeldmarschall von Moltke voraus. Und schließlich: in Notzeiten will jeder verkaufen. Die Riesenmenge des Angebots drückt dann ohnehin auf die Preise.

Wenn man also unter diesem Bezug nach Sachanlagen sucht, aus denen man auch in Notzeiten das beste machen kann, stößt man ganz von selbst auf Edelsteine, Edelmetalle, Schmuck und Münzen oder auch auf so »kostbare Nebensachen« wie die vom zaristischen Hofjuwelier Fabergé hergestellten.

Im folgenden werden wir sehen, daß auch mit ihnen nicht der Stein der Weisen gefunden wurde. Dennoch – greifen wir zum Beispiel hochwertige Edelsteine oder Diamanten heraus. »Wenn in Krisenzeiten« – so sagte ich in meinem Buch »Wie kauft man Diamanten, Farbsteine, Perlen, Schmuck« – »alle Werte illusorisch werden, bieten Diamanten und Edelsteine als ›höchster Wert auf kleinstem Raum‹ die optimale mobile Anlage.« Aktien und sonstige Papiere werden in Krisenzeiten nicht mehr gehandelt; Immobilien wie Grundstücke und Häuser sind bei einer etwaigen Flucht nicht transportabel. In diesen Zeiten sind der Diamant und auch der feine Farbstein vielleicht die einzige echte internationale Währung, denn auch Kunstwerke scheiden aus den gleichen Gründen aus. Daß selbst ein feiner Brillant dann unter Umständen weniger einbringt, als er irgendwann einmal gekostet hat, steht außer Frage. Das aber, was er noch bringt, ist so unvergleichbar mit dem Ertrag anderer Wertgegenstände, daß er tatsächlich in Notzeiten die letzte Rettung sein kann. Wer ein Päckchen Edelsteine über den letzten Krieg hinaus retten konnte, hatte zu leben, als die Besatzung kam. Wer gar Diamanten über die Zeiten hinweg zu verbergen wußte, konnte sie nach dem Krieg in allen zivilisierten Ländern mit erheblichem Nutzen zu Geld machen.

Leider – und das ist die große Einschränkung, die ich gleich am Anfang dieses Buches machen muß – ist diese Möglichkeit der Geldanlage einem breiteren Publikum verschlossen, denn Luxusgüter kosten sehr viel Geld. Infolgedessen sind diese Anlageformen nur privilegierten Kreisen vorbehalten und bieten dem sogenannten kleinen Mann keine Alternative zum Geldwertsparen. Ich bedaure das, kann es aber leider nicht ändern.

Vielleicht wird ihn die Erkenntnis ein wenig trösten, daß auch die Anlage in diesen Werten große Gefahren in sich birgt. Sinn dieses Buches ist es, diese Gefahren aufzuzeigen und einen gewissen Sachverstand zu vermitteln, der mit dazu beitragen soll, den Erwerb von Edelsteinen und ihnen verwandten Luxusgütern als wirkliche Alternative zu anderen Anlageformen aufzuzeigen.

II

Was sind anlagefähige Steine?

Nicht alle Edelsteine sind »Anlage«-Steine. Edelsteine sind Mineralien, und von diesen kennen wir auf der Erde bisher etwa 2500. Davon wiederum haben sich nur etwa 80 bis 90 als schleifwürdig erwiesen, besitzen also im weitesten Sinne Edelsteinqualität. Zehn bis fünfzehn von ihnen sind so schön, selten und kostbar, daß man sie als Anlagesteine bezeichnen kann. Alle drei Begriffe müssen sich treffen, um die Voraussetzungen dafür zu erfüllen.

Die klassischen Anlagesteine sind Diamant, Smaragd, Rubin und Saphir. Wir wollen sie »Hochedelsteine« nennen.

Nicht anlagefähig wären danach die früher sogenannten »Halbedelsteine« – ein Begriff, den die Mineralogie nicht kennt und den auch wir uns nicht zu eigen machen wollen, weil er unsinnig ist. Wir sprechen deshalb von »Schmucksteinen«. Das sind also alle Edelsteine außer den oben genannten vier. An dieser Stelle soll sogleich die Bezeichnung Farbsteine, besser Farbedelsteine geklärt werden. Farbedelsteine sind alle Edelsteine mit Ausnahme des Diamanten. Doch auch dieser kann Farbe haben und zum andern gibt es völlig farblose oder weiße Edelsteine, die nicht Diamanten sind, etwa den farblosen Aquamarin, den farblosen Zirkon, den farblosen Saphir oder den Bergkristall. Eine rein weiße Farbe hat der Achat, und zwar als Lagenstein zusammen mit anderen farblichen Schichten. »Weiß« beim Diamanten ist dagegen keine Farb-, sondern eine Qualitätsbezeichnung.

Auch bei den Diamanten gibt es farbige Steine, gelbe, braune, grüne, ja schwarze. Wer je die berühmte Sammlung farbiger Diamanten der De Beers Consolidated Mines Ltd. gesehen hat, wird diese herrlichen Steine sein Lebtag nicht vergessen.

Wir erkennen also jetzt schon, daß es sich bei den Farbbegriffen im Edelsteinbereich um ein recht schwieriges Kapitel handelt.

Dennoch wollen wir im folgenden die Bezeichnungen Diamanten, Hochedelsteine und Schmucksteine verwenden. Wenn wir dabei von Farbedelsteinen sprechen, können dabei sowohl Hochedelsteine als auch Schmucksteine gemeint sein.

Eine weitere und für den Laien zunächst schwer faßbare Schwierigkeit, die dem bisher Gesagten sogar zu widersprechen scheint, besteht in folgendem. Nicht jeder Hochedelstein ist ein Anlagestein, wogegen mancher Schmuckstein sich zur Anlage sehr wohl eignet. Zur Erklärung diene folgendes.

Jeder Edelstein ist eine absolute Individualität. Wie unter vier Milliarden Erdbewohnern keines Menschen Antlitz dem andern vollkommen gleicht, so gibt es auch keinen Edelstein, der mit einem andern völlig identisch ist. Betrachten wir als Beispiel einen Smaragden etwas ausführlicher.

Der Smaragd, normalerweise einer der feinsten, schönsten, teuersten und seltensten Edelsteine, gehört zur Gruppe der Berylle. Um den Wert eines Smaragden beurteilen zu können, müssen viele Details bemüht werden. Sie alle aber reichen nicht aus; die *Erfahrung* muß hinzukommen. Die Erfahrung von Experten, die sich ihrerseits fast ausschließlich mit Smaragden (oder Saphiren, Rubinen usw.) beschäftigt haben. Wie ausschlaggebend solche Erfahrungswerte sein können, zeigt folgendes Vorkommnis.

Ein Columbianer wollte in Idar-Oberstein eine relativ große Partie roher Smaragde verkaufen. Da Columbien die Heimat der Smaragde ist, erschien dem Abnehmer nach eingehender Prüfung der — hohe — Preis für die kostbaren Steine angemessen, zumal sie eben von einem Eingeborenen dargeboten wurden. Dennoch wollte er sich noch des Rates eines Experten versichern. Dieser warf einen Blick auf die Steine, einen auf den Verkäufer, überlegte kurz und entschied: Die Smaragde sind unecht, sie sind synthetisch.

In der Tat stellte sich bei der nunmehr veranlaßten gemmologischen Untersuchung die Richtigkeit dieses Urteils heraus. Später vom untersuchenden Wissenschaftler befragt, der die Steine dem Augenschein nach auch zunächst für echt gehalten hatte, wie er zu seinem Blitz-Urteil gekommen sei, antwortete der Experte, nach der Farbe und dem äußeren Erscheinungsbild der Partie konnten sie echt sein. Aber in seinem ganzen Leben habe er eine so große Anzahl gleichmäßig schöner Smaragd-Rohsteine in einer Partie noch nicht erlebt. Erfahrung und Gefühl sagten ihm deshalb, daß sie nicht echt sein konnten...

Derselbe Experte erzählte mir aber auch, er habe im Schaufenster eines bedeutenden Juweliers einmal einen Ring mit einem so wunderbaren Smaragd gesehen, daß er den Juwelier bat, ihn näher in Augenschein nehmen zu dürfen. Da das Schaufenster jedoch nach Süden gelegen war, ging er mit dem Juwelier durch den Laden und die angrenzenden Ateliers nach hinten zur Nordseite des Hauses. (Nordlicht möglichst gegen Mittag, bei aufgeklartem Himmel eignet sich am besten zur Farbbeurteilung edler Steine.) Und siehe da: Der Stein war zu schön, um echt zu sein. Der erschrockene Juwelier war beim Einkauf getäuscht worden. Der Stein stammte aus einer sogenannten Okkasion aus Privatbesitz und war synthetisch. Es handelte sich zwar um eine außergewöhnlich schöne Gilson-Synthese, die auch nicht billig zu erwerben ist, aber trotzdem war der Stein nur einen Bruchteil seines Preises wert.

Ich erzähle diese Geschichte gleich zu Anfang dieses Buches, um eines klarzustellen: Wenn man schon sein schwer verdientes Geld in Edelsteine investieren will, muß man berücksichtigen, daß selbst erfahrene Branchenangehörige vor Irrtümern nicht gefeit sind und daß man bei teuren Objekten auf fachmännische Prüfung und Beratung nicht verzichten sollte. In Idar-Oberstein gibt es für alle Edelsteingattungen spezielle Sachverständige, es gibt hier und anderwärts Edelsteinprüfstellen (siehe später), und ich bin für jeden Leser dieses Buches gern zu entsprechenden Auskünften über die Anschriften solcher Stellen bereit.

Wir sprachen, um auf unser Thema zurückzukommen, davon, daß nicht jeder Hochedelstein sich zur Anlage eignet, also auch nicht jeder Smaragd. Einzelheiten wolle man unter diesem Stichwort nachlesen; hier genügt es festzustellen, daß eben auch jeder einzelne Smaragd Individual-Charakter hat und auf seinen Wert genauestens geprüft werden muß. Minderwertige Smaragde sind trotz ihrer Signifikanz als Hochedelsteine weniger wertvoll, auch wenn sie dem Augenschein nach als »schön« gelten.

Andererseits gehören Aquamarine ebenfalls, wie der Smaragd, zur Beryllgruppe, werden aber nicht als Hochedelsteine bezeichnet. Trotzdem können sie Anlagesteine sein, wenn sie jenes wunderbare tiefsatte Blau bei relativer Reinheit aufweisen, das sie eben in den Rang von Hochedelsteinen erhebt. Diese Eigenschaft der Kostbarkeit kann aber auch nur der Fachmann mit Sicherheit feststellen; schon die winzigste Farbschattierung zum Beispiel bedingt eine andere Bewertung.

Dasselbe gilt von vielen anderen Farbsteinen, wie z.B. vorzugsweise vom schwarzen Opal, bestimmten Turmalinen, bestimmten Spinellen und vielen anderen. Auch hierfür folgen entsprechende Einzelheiten an anderer Stelle. Daß selbst der Prototyp eines Anlagesteines, der Diamant, sich nicht immer als solcher eignet, hat sich schon mehr herumgesprochen, wenn sich auch gerade bei diesem Edelstein die Eignungsskala mit fortschreitenden Verknappungserscheinungen für die Topsteine immer mehr verschiebt. Dazu wird noch sehr viel zu sagen sein.

Für den Leser ergibt sich schon nach diesen einleitenden und bewußt allgemein gehaltenen Ausführungen, daß es ohne jeden Sachverstand einfach hoffnungslos ist, sich in der Edelsteinanlage-Praxis zurechtzufinden.

Ich hoffe aber, daß er nach der vollständigen Lektüre dieses Buches sich des prickelnden Reizes nicht mehr erwehren muß, gerade diese hochinteressanten Objekte mehr in seine kommerziellen Überlegungen einzubeziehen als bisher. Bei einer positiven Entscheidung werden ihm zumindest Gattin, Töchter, auf jeden Fall aber die Kindeskinder dankbar sein.

III

Kurzfristige, mittelfristige oder dynastische Anlage?

Welche riesigen Gewinne oder katastrophalen Verluste sich bei kurzfristiger Spekulation ergeben können, hat die Herstatt-Pleite erwiesen. Hier handelte es sich um Devisentermin-Geschäfte. Ähnliche Erscheinungen waren am New Yorker Aktienmarkt zu beobachten, wo 1974 selbst renommierte Häuser fallierten, als die Kurs-Indices auf die Hälfte ihres früheren Wertes sanken. Die Aktien an den europäischen Börsen schnitten übrigens auch nicht besser ab.

Mittelfristige Geldanleger, vor allem aus freien Berufen, verloren ihre Einlagen bei Immobiliengeschäften, wofür wir als Beispiel den Steglitzer Kreisel der Berliner Star-Architektin Kreßmann-Zschach oder den Hubmann-Skandal heranziehen wollen, bei dem vor allem alte, auf Sicherheit ihres Lebensabends bedachte Leute ihre Ersparnisse verloren.

Von langfristigen oder dynastischen Geldanlagen spricht man, wenn es sich um solche handelt, von denen noch Kinder und Enkel profitieren sollen. Dazu eignen sich vor allem Anlagen in Immobilien, vornehmlich in Ländereien. Hier hat sich, um ebenfalls ein aktuelles Beispiel heranzuziehen, der bayerische Staat verdient gemacht, indem er einer Anzahl seiner prominenten Staatsdiener zu preiswerten Grundstücken verholfen hat, für die ihm noch die Nachfahren der Bedachten dankbar sein werden.

Eignen sich Edelsteine für eine oder mehrere der drei Kategorien?

1. Edelsteine sind von der Rendite her niemals eine kurzfristige Geldanlage, es sei denn, man hatte das Glück, im Frühjahr 1973 feinste ein- oder mehrkarätige Diamanten oder Hochedelsteine zu kaufen. Sie stiegen nach der internationalen Ölkrise im Herbst 1973 auf mehr als das Doppelte ihres Einkaufswertes. Das hatte es im Edelstein-

geschäft bisher noch nicht gegeben; es ist ein nicht wiederkehrender Vorgang, den auch gewiegte Kenner des Marktes nicht vorhersehen konnten.

2. Aber auch mittelfristig eignen sich Edelsteine nur bedingt zu lukrativen Geldanlagen, d. h. zur Erzielung deutlich höherer Preise innerhalb einiger Jahre, obwohl seitdem die Preise sowohl für Diamanten als auch für Farbsteine kontinuierlich gestiegen sind. Für Diamanten, Einkaräter River lupenrein galten folgende Preise (Ladenpreise)

1960	ca. 4 500,–	
1962	ca. 4 700,–	
1963	ca. 5 500,–	
1966	ca. 6 000,–	bis 7 000,–
1969	ca. 7 000,–	bis 8 000,–
1972	ca. 9 000,–	bis 12 000,–
1973 Herbst	ca. 18 000,–	bis 25 000,–
1974	ca. 20 000,–	bis 25 000,–

Rückschläge gab es nicht. Lediglich bei Diamanten stagnierten die Preise um 1972/73 oder wurden vereinzelt auch geringfügig zurückgenommen. Seitdem ziehen sie wieder kontinuierlich an, und die Ölkrise in Verbindung mit der Goldpreisexplosion war der Anlaß für eine derartige Nachfrage nach größeren Steinen, daß sich die Preise mehr als verdoppelten. Da dieser einmalige Preissprung a-typisch war, kann er für unsere Betrachtungen außer Ansatz bleiben. Ähnlich verlief auch die Preisentwicklung bei den feinen Farbsteinen.

Nehmen wir an, ein erstklassiger feiner blauer Aquamarin im Gewicht von etwa 20 Karat habe 1960 je Karat etwa 600,– DM gekostet, total also 12 000,– DM. Ein solcher Stein dürfte heute nicht unter 1 000,–/ct, also 20 000,– kosten, wahrscheinlich jedoch noch weit mehr. Vorausgesetzt, wir könnten ihn zu diesem Preis wiederverkaufen, hätte er uns eine Rendite von annähernd 6% erbracht, außer dem Prestigenutzen und der eigenen Freude am Schmuck. Leider dürfte es schwer fallen, den Stein zu diesem oder auch nur einem annähernden Preis zu verkaufen, von einer Liebhaber-Situation einmal abgesehen. Der seinerzeitige Verkäufer würde allenfalls den Stein zum damaligen Ladenpreis, vielleicht sogar mit einem gewissen Aufschlag, unter der Bedingung des gleichzeitigen Erwerbs eines anderen, jedoch teureren Steins in Zahlung nehmen. Damit hätten wir die inzwischen erzielte, wenn auch nicht liquidierbare Wertsteigerung verloren.

Wir behalten den Stein also im Portefeuille oder, gefaßt, als Juwel für unsere bessere Hälfte und trösten uns mit den vermutlichen weiteren Wertsteigerungen in kommenden Jahren oder auch mit der Gewißheit, ein willkommenes Erbe zu hinterlassen. Unsere Kinder und Kindeskinder allerdings könnten in fernerer Zeit einmal – gleichbleibende politische und gesellschaftliche Verhältnisse vorausgesetzt – ein gutes Geschäft beim Verkauf des Steines machen.

Ähnlich verhält es sich mit Diamanten. Auch hier sind mittelfristige Wertsteigerungen kaum zu realisieren. Nur kann man beim Diamanten – im Gegensatz zum Farbstein – die beiden wesentlichsten Merkmale, Farbe und Reinheit, beinahe exakt bestimmen, so daß hier der jeweils gültige Tagespreis jederzeit objektiv zu ermitteln ist, während beim Farbstein mehr oder weniger subjektive Bewertungsmaßstäbe mitspielen können, wenn auch nicht müssen. So könnte der relevante Preisabschlag beim Wiederverkauf eines Diamanten möglicherweise geringer ausfallen als beim Farbstein. In der Praxis aber käme auch beim Diamanten in den seltensten Fällen ein Privatmann, sondern auch hier nur der Juwelier in Frage, nur daß dieser mit fast hundertprozentiger Sicherheit den Diamanten auf jeden Fall zum seinerzeitigen Ladenpreis zurückkaufen würde, wenn man dafür einen größeren Stein einhandelte.

Man muß also im Edelsteinhandel die Dinge so sehen wie sie sind und darf keine falschen Hoffnungen bei den Kunden erwecken. Dies sind, zusammengefaßt, die Fakten:

1. Ausgewählte feine Edelsteine und Diamanten sind auf jeden Fall eine erstklassige Anlage.
2. Wer kurz- oder selbst mittelfristig lukrative Gewinne oder auch nur eine ausreichende Rendite erzielen will, muß auf die Anlage in Edelsteinen verzichten.
3. Edelsteine und Diamanten sind eine ausgezeichnete *langfristige* Kapitalanlage.
4. Die den Tatbestand am besten treffende Bezeichnung für die Geldanlage in Diamanten und Edelsteinen wäre *Kapitalsicherung.* Die Gründe hierfür finden Sie in den Kapiteln »Diamanten« und »Farbsteine«.

IV

Diamanten

»Er lief rot an, dann wurde er kreidebleich, schließlich verlangte er mit schweißnasser Stirn einen Cognac.« So beschreibt der Düsseldorfer Juwelier X die Reaktion eines Essener Fabrikanten, dem er Niederschmetterndes über seine Pretiosen sagen mußte: Zehn der zwanzig Diamanten, die der Industrielle tags zuvor zur Prüfung vorgelegt hatte, waren von geringerer Qualität, als in den beigelegten Prüfurkunden ausgewiesen. Minderwert: 90 000,– DM.« (Capital im Märzheft 1972)

»Retten Sie Ihr Geld! Brillanten überspringen wertsteigernd jede Geldentwertung. Meister Bergmann fragt nicht nach Ihrem Namen.« (Reklame auf meterhohen Plakaten eines Frankfurter Uhrmachermeisters, abgedruckt im »Spiegel« Nr. 24/1971)

Im Kölner Bankenviertel wurde nach der Pleite eine frühere IOS-Zentrale in ein »Diamond-Office« umgewandelt, dessen Geschäftsführer – mit Firmensitz in Liechtenstein – ein ehemaliger IOS-Cornfeld-Repräsentant war.

Diamanten-Agenten kommen bis an die Haustür, ausländische Discounter empfehlen »Diamant-Investment«, weil sich »der sehr günstige Preis nochmals um 10% ermäßigt«. Weitere 11% MWSt. könne man sparen, wenn man bei der »Diamond-Selection« kaufe und die Steine in London, Basel oder Zürich im Safe einschließen lasse.

Englische Agenten empfehlen, »die Siegel an der Klarsichtpackung nicht zu beschädigen, weil sonst das Zertifikat ungültig und eine neue Expertise notwendig wird, die erhebliche Kosten erfordert«.

In- und ausländische »Diamantbüros« schießen wie Pilze aus dem Boden, um ihre Diamanten für inflationssichere Geldanlagen anzubieten, wobei unrealistische Gewinnversprechen gemacht werden. Viele, auch als Privatpersonen getarnte Händler betätigen sich zum Schaden des Käufers in diesem Geschäft.

Im »Handelsblatt« vom 27. März 1974 war im Fettdruck zu lesen: »Mit sensationell niedrigen Preisen lockt Diamanthändler Henry Orbach – jetzt aus Antwerpen – wieder bundesdeutsche Kapitalanleger. Per Post lautete ein Angebot für einen lupenreinen Einkaräter-Brillanten der Kategorie River auf 14 200,– DM. Bei Juwelieren und Diamantenhändlern der Bundesrepublik muß dafür bis zu 10 000,– DM mehr bezahlt werden ... Orbach selbst begründet seine Billig-Offerte gegenüber dem Handelsblatt mit der Geschäftsverlegung nach den USA. Hier verbilligten sich das Schleifen und der Verkauf um 10% bzw. 11%, insgesamt also um 21%. Außerdem sei seine Gewinnspanne sehr niedrig, ›in keinem Falle über 6%‹. Schon einmal versuchte Orbach, in der Bundesrepublik Diamanten in ›Sonderangeboten‹ abzustoßen. Doch das Gericht machte ihm einen Strich durch die Rechnung. Unter dem Aktenzeichen 4 U 64/72 LG Hamm untersagte das Oberlandesgericht Orbach ›Brillanten, die nicht lupenrein sind, als lupenrein anzubieten oder zu verkaufen‹. Das Gericht drohte Orbach, der damals seinen Wohnsitz in Frankfurt hatte, bei Zuwiderhandlung Geldstrafen in unbegrenzter Höhe oder Haftstrafen bis zu sechs Monaten an. Diamantenhändler Orbach warb damals Kunden mit lupenreinen Steinen und wies darauf hin, daß alle seine Brillanten ›Expertisen von offiziell anerkannten Universitäts-Diplom-Mineralogen‹ hätten. Diese werbewirksame Behauptung darf Orbach in der Bundesrepublik nicht mehr aufstellen«. So das Handelsblatt.

Die bekannten »Vertraulichen Mitteilungen aus Politik und Wirtschaft« geben ihren Lesern nicht nur »vertrauliche« Tips für besonders vorteilhafte Geldanlagen in Aktien, Grundstücken und steuerbegünstigten Projekten, sondern offerieren auch »streng vertraulich« ganz ungewöhnlich leistungsfähige Diamantenlieferanten, die »wir erst nach langem Suchen gefunden haben«. In keinem Falle waren es jedoch Juweliere, sondern »Auch-Diamanten-Anbieter«, wie der Bundesverband der Importeure und Exporteure von Edelsteinen und Perlen (in Zukunft stets nur Bundesverband genannt) ermittelte.

Ein Kaufhaus-Konzern warb in seinen Zeitungsinseraten für »lupenreine Brillanten, crystall-weiß«, ein anderer sprach von »Handelsweiß«-Farben, die es überhaupt nicht gibt. Auch die angebotene »Ia-Qualität« ist unsinnig, denn sie sagt nicht das geringste über die Steine aus und ist bei seriösen Juwelieren verpönt.

Diese Negativ-Auslese soll nicht ausschließen, daß es Diamanthandelsunternehmen gibt, die ihre Geschäfte ordnungsgemäß betreiben. Leider kann man sie an den Fingern abzählen. Für einen seriösen Diamantenverkäufer genügt es eben nicht, einige Fachkurse, womöglich nur von einwöchiger Dauer, absolviert zu haben, auch nicht, wenn eine erfolgreiche Praxis als IOS-Vertreter vorausgegangen ist. Unabdingbar sind vielmehr eingehende Erfahrungen innerhalb der Branche und eine langjährige Geschäftspraxis, die ein solides Vertrauenskapital angesammelt hat. Wer sein schwer verdientes Geld inflationssicher anlegen und dafür hohe Beträge ausgeben will, ist mangels eigener Sachkenntnis auf Inanspruchnahme dieses Vertrauenskapitals einfach angewiesen, das natürlich auch seinen Preis hat. Wenn man schon einen Betrag von 20 000 bis 25 000 Mark für einen River-lupenrein-Stein hergibt, soll man auch ruhig schlafen können. Das persönlich unterschriebene Zertifikat eines angesehenen Juweliers verbürgt absolute Sicherheit. Kauft man dagegen bei einem möglicherweise günstiger anbietenden unbekannten Dritten mit neutraler Expertise, ist weder die Identität mit dem zugehörigen Stein sicher noch der Inhalt des Papiers. Diese Kardinalpunkte des Diamantkaufs sind noch näher zu erläutern.

Ohne Zweifel waren die eingangs erwähnten Presse-Veröffentlichungen Tiefschläge nicht nur gegen den Diamanten als Kapitalanlage, sondern letzten Endes auch gegen die ganze Branche. Es ist aber zwecklos, diese in der gesamten Weltpresse und den Nachrichten-Magazinen veröffentlichten Details mit dem Mantel der christlichen Nächstenliebe zu verhüllen oder gar totzuschweigen. Anzeigen dieser Art sind nun einmal das tägliche Brot der Inseratenseite. Man liest darüber Leitartikel und Kommentare, sie sind in Jedermanns Gespräch, und die letzte Raumpflegerin kennt heute die Schlagworte über Diamanten, die hauptsächlich in dem in aller Munde befindlichen mysteriösen »Blauweiß« gipfeln – der Traumfarbe jeder Frau. Das sind die Realitäten. Die Branche nimmt sie ernst und diskutiert über sie, wenn sie auch darüber erbost ist, daß sie in der Presse derart breitgetreten werden. Andererseits begrüßt sie es natürlich, daß Edelsteine und Schmuck eines der Lieblingsthemen der Gazetten sind, die damit kostenlose Öffentlichkeitsarbeit leisten.

It's a long way...

Bevor ein geschliffener Diamant im Safe landet oder eine Frau schmückt, liegt ein langer Weg hinter ihm, was übrigens für jeden anderen Edelstein ebenso zutrifft. Jeder Edelstein muß zunächst einmal an seiner Lagerstatt aufgespürt werden. Diese liegt – da es deutsche Vorkommen nicht (mehr) gibt, ausnahmslos in aller Welt, hauptsächlich aber in Übersee. Der Importeur muß die günstigste Bezugsquelle für Edelsteine und Perlen ausfindig machen und für sicheren Transfer sorgen. Nicht alle ausländischen Anbieter von Edelsteinen und Perlen sind vertrauenswürdig und reell. Da es sich um Luxusgüter handelt, üben diese eine magische Anziehungskraft auf Menschen aus, die schnell reich werden wollen. Die Versuchung, in Ostasien, Südamerika oder Afrika unter eine Partie echter Rubine, Saphire oder Smaragde einige synthetische Steine zu mischen, die in vielen Fällen ohne Untersuchung kaum noch von den echten Steinen zu unterscheiden sind, ist groß. Die Garantie für Ausschluß eines kostspieligen Irrtums liegt allein beim Importeur, der jedes Jahr seine Einkaufsreisen in die fernsten Länder der Erde macht. Sie kosten viel Zeit und Geld.

Da er aber für seine gesamte Kundschaft, also den Fachhandel, das sind Großhandel und Juweliere, einkauft, verteilen sich Kosten und Risiko, zumal er zumeist eigene Einkaufsbüros oder Agenten an den Märkten der Welt hat, die dann direkt »Vor Ort« kaufen können, wenn der Importeur selbst gerade einmal am entgegengesetzten Ende der Welt weilen sollte. Denn in Indien, Ceylon, Kambodscha, Siam, Burma, Hongkong, China, Japan, Südamerika oder Afrika und vielen anderen Ländern, zu denen auch Madagaskar, Persien und Columbien zählen – überall dort kommt es darauf an, zum richtigen Zeitpunkt zuzugreifen und die Okkasionen wahrzunehmen. Dazu sind oft Millionenbeträge notwendig, die vorhanden sein müssen.

Im Ausland oder von Ausländern ohne inländischen Wohnsitz und auf Diamantbörsen gekaufte Ware muß bar bezahlt werden. Devisen- und Zollbestimmungen in den meisten Herkunftsländern von Edelsteinen werden immer komplizierter, Export-, Import- und Transportwege immer kostspieliger, Kniffe und Tricks immer listenreicher, die man vor allem im Innern südlicher Länder einfach kennen und beherrschen muß. Formalitäten mit Luftfrachtgesellschaften, Zollbehörden, Versicherungsfirmen und die damit verbundenen Risiken müssen ebenfalls getragen werden. All dies veranlaßt Großhandel und Juweliere dazu, sich der Dienste leistungsfähiger Importeure zu bedienen. Sie unterhalten jederzeit und kurzfristig abrufbare Warenbestände mit schnellem, kostensparendem Umschlag und sind zuverlässige und kostenlose Berater, die Fach und Betrieb ihrer Abnehmer kennen und alles Interesse daran haben, daß deren Geschäft floriert. Allerdings gibt es auch eine Reihe von Juwelieren, die selbständig auf Einkaufsreisen gehen, und vor allem Idar-Obersteiner Firmen unterhalten eigene Minen und Niederlassungen in Übersee, die ständig abwechselnd mit eigenen Firmenangehörigen besetzt sind. Dies sind naturgemäß Privilegien, die konkurrenzlos sind und auch preismäßig enorm zu Buche schlagen, zumal es sich in jedem Fall um Edelstein-Spezialisten mit in Generationen erworbenen Erfahrungen handelt.

Der Einkauf von Diamanten speziell unterliegt strengen Bräuchen. Wer mit Diamanten umgeht, ist einem sehr hohen Berufsethos unterworfen. Die Leser des Buches »Das Diamantensyndikat« von Gerald Browne wissen, wie selbst langjährige Kunden des Diamantensyndikats laufend überwacht und bei geringsten Verstößen in kommerzieller oder sogar persönlicher Beziehung erbarmungslos von der Liste der exklusiven Zweihundert gestrichen werden. Nur zweihundert Bevorzugte nämlich aus der ganzen Welt haben das heiß begehrte Privileg, zehn- oder elfmal jährlich am Sitz des Diamantensyndikats am Londoner Holborn-Viaduct persönlich an deren »sights« teilnehmen und entscheiden zu dürfen, ob sie die ihnen zugemessene Box mit rohen Diamanten akzeptieren oder nicht. Es ist ihr freier Wille – aber niemand ist bekannt, der es gewagt hätte, jemals nein zu sagen.

Die Zusammenstellung dieser Päckchen erfolgt sowohl individuell für den Kunden als auch abgestuft nach der jeweiligen Marktlage. Die Rohsteine, gemischt nach Größe, Wuchs und Farbe, sind einmal von guter, einmal von weniger guter Qualität, aber stets insgesamt auf einen feststehenden Preis ausgerichtet, der 100 000,– DM oder höher liegt. Wenn einige der Zweihundert auch manchmal enttäuscht sind über die Zusammenstellung des Inhalts – sie bewahren Haltung in dem Wissen, noch niemals bei dem Handel übervorteilt worden zu sein. Dieses subtil abgestimmte Zuteilungssystem ist – neben der ausgeklügelten Lagerhaltung – einer der Gründe für die Wertbeständigkeit der Diamanten.

85 % der Weltausbeute von Rohdiamanten einschließlich eines Teils der sowjetrussischen Vorkommen werden durch das Diamantensyndi-

kat in London, die Central Selling Organization verteilt, eine Tochtergesellschaft von De Beers Consolidated Ltd., die ihrerseits der Unternehmensgruppe der Anglo-American Corporation of South-Africa angehört. De Beers selbst ist an der Weltproduktion hinsichtlich der Karatzahl nur mit etwa einem Fünftel beteiligt. Der Rest wird von anderen Erzeugern übernommen, die in Sierra Leone, Zaire, Ghana, Angola und der Zentralafrikanischen Republik ansässig sind. Neuerdings gehört auch Venezuela dazu. In diesen Ländern unterhält die CSO Ankaufs- und Bewertungsbüros. Wenn eines dieser Länder – so zeitweise Ghana – versucht, seine Diamanten selbst zu verkaufen, so liegen die erzielten Preise weit unterhalb der CSO-Preise.

Rohdiamanten-Absatz des Syndikats in Milliarden Mark

1960	0.7
1968	2.4
1969	2.6
1970	2.1
1971	2.4
1972	2.5
1973	3.6
1974	4.4

Welche Diamanten sind für Anlagezwecke besonders geeignet? Kaufkriterien beim Diamanten sind Farbe, Reinheit, Gewicht und Schliff.

1. Farbe

River	blauweiß
Top Wesselton	feines Weiß
Wesselton	weiß
Top Crystal	sehr sehr leicht gelblich
Crystal	sehr leicht gelblich
Top Cape	leicht gelblich
Cape	gelblich
Light Yellow	leicht gelb
Yellow	gelb

2. Reinheit

Lupenrein: (flawless)	bei zehnfacher Vergrößerung frei von Einschlüssen
vvsi	sehr sehr kleiner Einschluß (very very slightly imperfect)
vsi	sehr kleiner Einschluß
si	leichter Einschluß
I. Piqué	deutliche Einschlüsse
II. Piqué	stärkere Einschlüsse

3. Schliff

a) Brillantschliff. Allein dieser erfüllt die Voraussetzung der höchsten Lichtbrechung eines geschliffenen Diamanten, weil der größte Teil des einfallenden Lichts wieder ins menschliche Auge zurückkehrt. Jahrhunderte lang versuchte man, die Bedingungen hierfür zu ermitteln. Bis um die Jahrhundertwende verfügte man aber noch nicht über die Kenntnis des Systems und über vollendete Werkzeuge. Ein Diamant kann bekanntlich wegen seiner enormen Härte (10 der Mohs'schen Härteskala) nur mit sich selbst geschliffen werden. Es fehlten die optischen Geräte, die Möglichkeit, gesinterte Schleifscheiben mit Diamantkörnung herzustellen. Erst die Entdeckung des Brillantgesetzes, zu der neben anderen Wissenschaftlern vor allem Professor Dr. Eppler, der Autor einer unübersehbaren Edelsteinliteratur, beigetragen hat, zeigte auf, daß die optimalste Lichtbrechung ausschließlich 57 dem Diamanten angeschliffene Facetten ermöglichen, die eine bestimmte Größe haben, in einem bestimmten Winkel zueinander stehen müssen und nach unten und oben um eine Rondiste gruppiert sind, von der nach oben 32 und nach unten 24 abgehen. Der obere – dickere – Teil mündet in die sogenannte Tafel, der untere – schmälere – in einer Spitze, die auch noch als sogenannte Kalette, die 58. Facette, abgeschliffen werden kann. Das ganze nennt man einen Brillanten, also einen im Brillantschliff facettierten Diamanten. Allein dieser Schliff, ein von der Wissenschaft exakt ausgeklügeltes System, ergibt den Brillanten. Das bedeutet, daß jeder Brillant ein Diamant, aber nicht jeder geschliffene Diamant ein Brillant ist.

b) Andere Diamantschleifformen sind Diamant-Baguettes, -Carrés, -Navettes (auch Marquisen genannt), -Tropfen, -Trapeze oder der Smaragdschliff (emerald-cut). Dieser ist achteckig, die Navettes schiffchenförmig, die Carrés viereckig und die Baguettes stäbchenförmig. Alle diese Schliffe erfüllen nicht das Brillantgesetz, auch nicht der Swiss-cut, der amerikanische Schliff oder andere Fantasie-Schliffe. Sie spielen unter dem Gesichtspunkt der Anlage nur bedingt eine Rolle, es sei denn, man verwendet sie zur Herstellung von Juwelen. Darüber später mehr. Auf keinen Fall aber darf man kleine geschliffene Diamanten als »Splitter« bezeichnen. Selbst der sogenannte Achtkantschliff (17 Facetten) erzeugt hochgeschätzte Besatz-

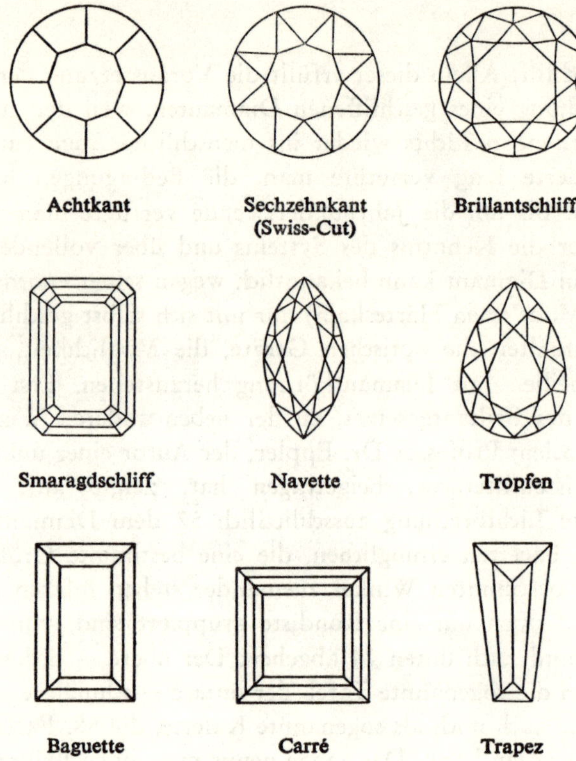

Diamant-Schleifformen

steine mit lebhaftem Feuer. Nur sind sie allesamt eben keine Brillanten.

c) Der sogenannte Rosenschliff, die Diamantrose, spielt heute keine Rolle mehr. Er wurde angewandt, als man das Brillantgesetz noch nicht kannte. Wer Steine mit diesem veralteten Schliff besitzt, sollte sie umschleifen lassen. Sie verlieren dann wohl bis zu 50% ihres Gewichts, sind aber trotzdem wertvoller als in der alten Form.

4. Gewicht

Das Gewicht von Diamanten und feinen Farbsteinen wird in der Gewichtseinheit Karat ausgedrückt. Ein Karat ist 1/5 Gramm. Da selbst der Bruchteil eines Karats große Werte verkörpern kann, werden die Steine auf der sogenannten Karatwaage gewogen. Seit einigen Jahren hat sich die elektronische Karatwaage als diejenige erwiesen, die selbst Hundertstel von Karat noch exakt anzeigt, und zwar in Sekundenschnelle. Das Gewicht eines Diamanten ist mit ausschlaggebend für seinen Wert.

Wertbestimmung des Diamanten

Alle vier Bewertungskriterien müssen zur Wertfeststellung herangezogen werden und alle in einem gewissen Verhältnis zueinander stehen. Weil aber innerhalb der einzelnen Bewertungsmaßstäbe, also Farbe, Reinheit, Gewicht und Schliff, noch graduelle Abstufungen zu beachten sind, die nur der Fachmann auseinanderhalten kann, ist es für den Laien einfach unmöglich, den alsdann zu ermittelnden Endpreis zu beurteilen. Er muß sich auf das Zertifikat und die Unterschrift verlassen, die darunter steht. (Hierüber Näheres im Kapitel Zertifikate.) Wie sehr die im Diamanthandel üblichen Abstufungen preismäßig zu Buche schlagen, dafür hat der bekannte Juwelier Kern im Handelsblatt vom 30. 11. 1971 folgende Zusammenstellung veröffentlicht. Aus ihr kann man die prozentualen Preisverhältnisse ersehen, wenn man von der Einheit 100, also 100 % ausgeht. Dies ist die Spitzenbewertung eines feingeschliffenen Brillanten der River-Lupenrein-Qualität. Sie sinkt z. B. beim Yellow-II. Piqué auf 8 % des Spitzenpreises ab. Beispiel: Ein Stein der River-Lupenrein-Qualität, der 10 000,– DM kosten würde, ist im selben Gewicht und vom gleichen feinsten Schliff in der Yellow-II.Piqué-Qualität für 800,— DM zu haben. Hieraus erkennt man schon den riesigen Preisunterschied zwischen Anlage- und reinem Schmuckstein.

Prozentuale Preisverhältnisse

	lupenrein	vvsi	vsi	si	I. Piqué	II. Piqué
River	100	85–75	75–65	65–53	52–41	42–34
Top Wesselton	90–78	77–65	65–56	55–46	45–35	36–30
Wesselton	82–70	70–60	62–51	50–41	40–31	32–25
Top Crystal	70–60	63–54	53–45	44–33	32–26	27–23
Crystal	58–50	50–44	43–36	37–28	27–23	23–20
Top Cape	45–38	40–33	33–28	28–23	23–19	20–16
Cape	38–30	32–26	26–22	23–19	20–16	17–13
Light Yellow	33–23	24–21	23–19	21–16	18–13	15–10
Yellow	30–20	22–18	20–16	18–14	16–11	13– 8

Soviel ist jetzt dem Leser bereits klar: Für Anlagesteine kommt ausschließlich die Farbe weiß in Frage, wobei man nach Möglichkeit River, in zweiter Linie Top Wesselton und in Ausnahmefällen Wesselton wählen sollte. Alle darunter liegenden Farbgrade sind nur für Schmuckzwecke geeignet, dafür jedoch bis einschließlich Cape noch hervorragend; es sei denn, man habe eine persönliche Zuneigung für Gelb. Nur darf man diesen Farbton nicht etwa verwechseln mit der kanariengelben Farbe des Tiffany-Diamanten, dessen Gelb einmalig in der Welt ist, genau so einmalig wie die grüne Farbe des Dresdner Grünen Diamanten im Grünen Gewölbe oder des Hope-Diamanten im herrlichsten Blau.

Hinzukommen muß für Anlagezwecke noch die Reinheit. Sie allerdings ist unabdingbar – das heißt, der Brillant muß tatsächlich lupenrein (flawless) sein. So wenig man bei der Reinheitsstufe vvsi als Laie selbst mit der Zehnfachlupe einen Einschluß wahrnehmen kann, die Schönheit dieses Steins also unantastbar ist: der Fachmann sieht ihn. Und allein darauf kommt es bei der strengen Prüfung an, ob der Diamant die international gültigen Anlagebedingungen erfüllt. Auch hier wieder gilt: selbst die si-Qualität tut dem Schmuckaspekt keinen Abbruch, ja in den meisten Fällen erfüllt sogar ein pikierter Stein noch seinen Zweck, zu schmücken, vorausgesetzt, daß der Schliff einwandfrei ist. Wir haben hier aber ausschließlich Anlage-Gesichtspunkte zu werten, und diese schließen jedes Qualitäts-Zugeständnis aus.

Das dritte Anlage-Kriterium ist der Schliff. Je kleiner ein Diamant ist, desto mühsamer und delikater ist sein Schliff, denn er erfolgt ja ausschließlich unter der Lupe. Noch 20, ja 50 Diamanten, die zusammen nicht mehr als ein Karat wiegen, können als vollendete Brillanten geschliffen werden, obwohl man einen solchen Stein mit bloßem Auge kaum noch erkennen kann. Was unsere Diamantschleifer auf diesem Gebiet leisten, ist einfach unvorstellbar. Sie sind wirkliche Künstler in ihrem Beruf.

Wäre aber die Schliff-Qualitätsprüfung bei einem so winzigen Stein verlorene Liebesmüh, so ist sie bei allen Brillanten von Anlagestatus ein unabdingbares Erfordernis. Vollkommen exakter Schliff jeder einzelnen Facette, der Rondiste, der Tafel, der unter der Lupe geprüft wird, ist Bedingung. Natürlich kann auch diese Prüfung nur der Fachmann durchführen. Hiervon haben neun Zehntel der sogenannten Anlageberater keinen Schimmer – wie sollten sie auch. Solche Fähigkeiten kann man sich nur durch jahrelange Praxis aneignen und dies auch nur dann, wenn man möglichst selbst einmal an der Schleifscheibe gesessen hat oder wenigstens die Schleif- und Betriebspraxis kennt. Mit einem Lehrgang von ein oder zwei Wochen, ohne Erfüllung der sonstigen praktischen Voraussetzungen, ist es nicht getan.

Bliebe noch das Gewicht als Kriterium der Anlage. Hier scheiden sich die Geister – auch die vieler Profis, und zwar einzig und allein hinsichtlich der Größe der als Anlage verwendeten Steine. Worum geht es?

Ein Teil der Experten meint, je größer der Stein, desto mehr wird er im Falle eines Wiederverkaufs bringen. Andere glauben, eine Anzahl Einkaräter seien zu bevorzugen, und schließlich sind auch einige dafür, Steine unter einem Karat zu kaufen. Sie würden sich im Falle eines Falles am leichtesten verflüssigen lassen. Aber noch einmal: alle zusammen sind sich einig, daß es sich – welches Gewicht bzw. welche Größe auch immer gewählt wird – um River-lupenrein-feinstgeschliffene Steine handeln muß, mit Einschränkungen allenfalls bis zur Wesselton- und si-Qualität.

Preise der Diamanten

Um einem Ergebnis in dieser für unsere Betrachtungen wohl wichtigsten Frage näherzukommen, werfen wir zunächst einen Blick auf die Entwicklung der Preise.

Im Jahre 1900 kostete ein Einkaräter vom ersten Wasser, wie man damals sagte (es gab um diese Zeit sogar noch Steine in der legendären Farbstufe Jager, allerfeinstes Blauweiß) – also River-lupenrein: 800,– Goldmark. Damals konnte man tatsächlich noch zwischen einem Zehnmarkschein oder einem 10 Goldmarkstück wählen.

In diesen Jahren besaß Deutschland aber auch noch seine eigenen Diamantminen im Schutzgebiet Südwest-Afrika. Innerhalb der gemeinsam vom Deutschen Reich und der Berliner Handelsgesellschaft, einer jetzt in Frankfurt ansäßigen Großbank, betriebenen »Deutschen Diamantenregie« wurden bereits 1909 nicht weniger als 445 000 Karat Diamanten feinster Qualität gefördert, und 1911 überschritten die Verkaufserlöse der Regie 20 Millionen Goldmark. Wer mehr über diese glänzende Entwicklung des eigenen deutschen Diamantenmarktes bis zum Ausbruch des 1. Weltkriegs wissen möchte, lese mein Buch »Wie kauft man Diamanten, Farbsteine, Perlen, Schmuck«, in dem ich dem Schöpfer der Deutschen Diamantenregie, dem Direktor der Berliner Handelsgesellschaft Carl Fürstenberg ein Denkmal gesetzt habe. Sein Sohn und Nachfolger, Bankier Hans Fürstenberg, dedizierte mir als Dank hierfür sein 1965 erschienenes Werk »Erinnerungen. Mein Leben als Bankier und Carl Fürstenbergs Altersjahre«, ebenfalls wie mein erwähntes Buch im Econ-Verlag erschienen.

Entwicklung der Diamantenpreise (Ladenpreise)
jeweils für Einkaräter River lupenrein

1900	800,— Goldmark
1951	2 900,– DM
1961	4 500,– DM
1971	9 800,– bis 10 700,– DM
1974	21 000,– bis 25 000,– DM

Man kann davon ausgehen, daß in Zeiten kontinuierlicher wirtschaftlicher Entwicklung die Diamantpreise jährlich um etwa 5% ansteigen. Das blieb so bis zum großen Umbruch 1972/73, wo sich der Preis innerhalb eines Jahres für feine Steine mehr als verdoppelte. Viele Experten machen die Goldhausse für diese Preisexplosion verantwortlich, die ihrerseits wiederum eine Folge der Ölkrise war.

Tatsächlich aber führen Gold- und Diamantenmarkt je ein eigenständiges Dasein. Jahrzehntelang blieb der Goldpreis bei 35 Dollar je Unze (31,5 Gramm) stehen. Zur gleichen Zeit vollführte der Aktienmarkt Preissprünge nach oben und unten, und ausschließlich die Preise für Diamanten bewegten sich im angegebenen Rahmen kontinuierlich nach oben. Der Grund dafür ist folgender:

Die Goldpreise haben Bezüge zur jeweiligen Währungssituation; manche Länder besitzen noch unmittelbar die Goldwährung.

Die Diamantpreise werden gesteuert. Der Anglo-American Corporation of South Africa, des größten und bedeutendsten Handels- und Industriekonzerns der Welt, der von Harry Oppenheimer geleitet wird, ist als eine der wichtigsten Tochtergesellschaften die De Beers Consolidated Mines Ltd. angegliedert, die nicht nur die bedeutendsten Diamantminen der Erde besitzt, sondern auch den Weltvertrieb von Rohdiamanten managt, das sogenannte Diamantsyndikat mit der Central Selling Organization, der Diamond Trading Company für Schmuckdiamanten und der Industrial Distributors für Industriediamanten. Hierüber näheres in meinem Buch »Wie kauft man Diamanten«.

Das Diamantensyndikat hat allmählich das absolute Monopol für den Verkauf von Rohdiamanten aus aller Welt erworben; es kontrolliert davon 80 bis 85 %; sogar die Russen verkauften, wie erwähnt, einen Teil ihrer Rohdiamanten über das Syndikat in London; zur Zeit ruhen jedoch dem Vernehmen nach die gegenseitigen Beziehungen. Das Syndikat kauft alle Rohdiamanten auf und verkauft sie an eine exklusive Abnehmerschaft, die berühmten Zweihundert. Wie das vor sich geht, wurde bereits geschildert (Seite 27).

Durch genau der Konjunktur angepaßte Dosierung des Verkaufs, durch Verbesserung oder Verschlechterung der Boxen, durch Drosselung oder Stimulierung des Absatzes, durch Vergrößerung oder Verminderung der Lagerbestände, ja in früheren Jahren durch Vernichtung von überschüssiger Rohware wird der Weltvertrieb so dirigiert, daß die Preise für Diamanten, von ebenfalls gewollten Ausnahmen abgesehen, ständig mehr oder weniger steigen. Selbst vor massiven Stützungsaktionen der Diamantpreise scheut der Konzern nicht zurück, wenn die Lage dies erfordert. Wegen der konjunkturbedingten Kontraktion des amerikanischen Marktes im Jahre 1969/70, der normalerweise etwa 60 % der Syndikatsrohware abnimmt, verringerten sich 1970 die Verkäufe der Central Selling Organization um nahezu 25 %. Zur Verhinderung der daraus resultierenden Preisbaisse sah sich deshalb De Beers veranlaßt, ihr Angebot zurückzuhalten und die überschüssige Erzeugung zu speichern. Der Lagerbestand verdoppelte sich, und zwar auf nicht weniger als 640 Mill. DM, was teure Finanzierung kostete und zu einer dramatischen Gewinnrückbildung um nicht weniger als 38 % führte. In diesem Jahr betrug das Verhältnis zwischen Vorräten und Verkäufen des Syndikats nur 1 : 2,1, während es 1969 1 : 8,3 und 1973 1 : 4,3 war. Trotzdem wurde die Dividende für die Aktionäre nicht gesenkt – ein Zeichen der enormen Ertragskraft des Weltunternehmens. Im darauffolgenden Jahr erholte sich auch der US-Markt wieder, und die Vorräte des Konzerns konnten abgebaut werden. – Diese geniale (manche meinen auch raffinierte) Strategie von De Beers hat ein Axiom bewirkt, an dem die Menschheit unverrückbar festhält – den Glauben an den Diamanten als Weltersatzwährung, an den »unvergänglichen« Diamanten.

Der große Umbruch

Wie kam es nun zu der außerordentlichen Preishausse für Diamanten im Jahre 1973? Etwa parallel zur Goldhausse begannen die Diamantenpreise im Jahre 1973 überproportional zu steigen. Wie dramatisch sich das Preisklima innerhalb eines Jahres änderte, dafür einige Zahlen.

Rohdiamantenpreise des Diamantsyndikats

5. September	1972	+ 6 %
14. Februar	1973	+ 11 %
5. März	1973	+ 7 %
22. Mai	1973	+ 10 %
20. August	1973	+ 10,2 %

Diese Preisentwicklung für Rohsteine wirkte sich auf die Preise für geschliffene Steine sehr unterschiedlich aus. Weil die kleineren Steine bis zu 1/4 ct. infolge technisch wesentlich verbesserter Gewinnungsmethoden in viel größerem Umfang anfallen als die großen Steine, die außerdem viel stürmischer gefragt sind als diejenigen unter einem Karat (vor allem in USA, Japan, Westeuropa und Deutschland), steigen sie unverhältnismäßig mehr als die kleinen. Hinzu kommen die enormen Aufkäufe großer Steine durch die Ölscheichs. So stiegen seit Beginn des Booms im September 1972 die Preise für Melée-Ware (0.06 bis 0.14 ct.) nur um etwa 9 %, für Halbkaräter um etwa 59 %, für Steine ab 1 Karat dagegen um 120 % und mehr.

Diese Tatsache könnte als Bestätigung für die bereits geäußerte Auffassung derjenigen Experten gelten, daß als Anlagesteine sich vorwiegend größere Steine eignen.

Sowjetrussische Diamanten

Hoffnungen oder Befürchtungen hinsichtlich der russischen Diamanten an den großen Rohdiamantenbörsen der Welt haben sich nicht verwirklicht. Sie wurden durch eine Anzeigenkampagne der russischen Monopol-Exportfirma hervorgerufen, der Almajuvelierexport, vertreten jetzt durch Diamimpex in der Frankfurter Diamantbörse, aber auch durch ganzseitige Inserate eines bedeutenden deutschen Kaufhauskonzerns, der Diamantschmuck aus russischen Steinen zu relativ niedrigen Preisen anbot. Die Erklärung lag darin, daß von den in der Tat erstaunlich preisgünstigen Einkarätern immer nur ganz wenige Stücke zum Verkauf kamen. Jedenfalls blieb der von manchen befürchtete Preisdruck aus, schon weil die Sowjetunion eben ohnehin einen großen Teil ihrer Diamanterzeugung über das westliche Diamantensyndikat absetzte und deshalb alles Interesse an der Preisstabilität haben muß.

Der preisbewußte Geldanleger wird dieses auch hier wieder zu beobachtende Funktionieren des Monopols ebenso begrüßen wie der Fachhandel. Für beide kann das durch vermehrte Ausbeutung der sowjetrussischen Rohsteinvorkommen vergrößerte Weltmarktangebot nur Vorteile bringen, denn die Statistik zeigt einwandfrei nicht nur sich stets erhöhende Nachfrage, sondern auch stark wachsende Zahlen von Verbrauchern, die sich für Diamanten interessieren. Solange Währungsunsicherheiten und Sachwertdenken die Kaufentscheidungen zahlungskräftiger Verbraucherkreise maßgeblich beeinflussen, wird auf lange Sicht die unnatürlich große Preisschere zwischen den Marktpreisen für größere Brillanten in Spitzenqualität und den Preisen für alle übrigen Qualitäten und Größen sich wohl etwas schließen, im Prinzip aber bestehen bleiben, auch wenn — jedenfalls auf dem deutschen Markt — infolge Geldknappheit und Zinsentwicklung bei großen Anlageobjekten zeitweise eine gewisse Preisberuhigung zu beobachten war, wie etwa im Frühherbst 1974.

Große oder kleine Steine?

Wer das Privileg besitzt, direkt beim Londoner Diamantensyndikat einkaufen zu können, hat einen entscheidenden Konkurrenzvorsprung. Dies ist vor allem bei den dort zugelassenen Diamantschleifereien der Fall. Der Diamantschleifer kann auf Grund seiner Stein- und Schleifkenntnisse die Ware so verarbeiten, daß der größtmögliche Nutzen für ihn und damit auch für seine Kundschaft herausspringt. Auch zwei Idar-Obersteiner Schleifereien gehören zu diesen bevorzugten Zweihundert, ebenso wie Firmen aus Hanau und Pforzheim.

Aber auch die in London zugelassenen Händler können den Inhalt ihrer Boxen entweder direkt an Schleifer oder an den Diamantbörsen verkaufen, bei denen wiederum die Masse der Schleifer und Händler die rohen oder geschliffenen Steine erwerben kann.

Ob Schleifer oder Händler günstig einkaufen oder nicht, ob die Schleifer Glück mit ihren Rohsteinen haben oder nicht (es kommt u. a. auf den Wuchs und die Kristallstruktur an, die eine gute oder schlechte Schleif- und Spaltbarkeit bedingen, ferner auf Größe und Farbe usw.) – auf die Kalkulation der Endverbraucherpreise hat dies alles keinen Einfluß. Das Syndikat tut sein Bestes, um ein ausgeglichenes Verhältnis in der Preisentwicklung der von ihm verteilten Rohware herbeizuführen. Sobald diese aber dem Markt zugeführt ist, beginnt das freie Spiel der Kräfte. Der Marktmechanismus übernimmt die Preisbildung, und so konnte man 1973 beobachten, daß – kaum hatte die Rohware das Syndikat verlassen – bereits ein Aufpreis bis zu 15% auf die offiziellen Notierungen der Diamond Trading Company bewilligt wurde. Erst auf Grund dieser durch den Markt, also die Nachfrage, erzwungenen Preiserhöhung mußte auch De Beers nachziehen und die Preise den bereits existierenden Marktpreisen anpassen.

Allerdings betraf die stürmische Erhöhung der Nachfrage in diesem Zeitpunkt vor allem die großen Steine, feine und feinste Brillanten von 1 Karat aufwärts. Für feine Dreikaräter wurden Spitzenpreise von 35 000,– DM und mehr je Karat gezahlt.

Umgekehrt konnte man zur gleichen Zeit besonders preiswert Melée-Ware erwerben, also Steine zwischen 0.06 und 0.14 Karat. Melée in Top Wesselton, lupenrein kostete je Karat um 1000,– DM.

Der erhebliche Preisunterschied zwischen kleinen und großen Brillanten liegt in der unterschiedlichen Nachfrage begründet. Je mehr große Steine verlangt werden, und je mehr deshalb deren Produktion durch Inbetriebnahme neuer oder durch Wiedereröffnung bereits stillgelegter Minen forciert werden muß, desto mehr kleine Steine fallen zwangsläufig an. Das Verhältnis geförderter großer Steine zu kleiner und kleinster Ware beträgt etwa 1 zu 95 bis 98, und Spitzensteine fallen in der gesamten Diamantproduktion nur etwa zu 0,5% an. Diese automatisch eintretende Überproduktion von kleinen Diamanten muß naturgemäß auch abgesetzt werden, und weil sich hier Angebot und Nachfrage allenfalls ausgleichen, kann Melée-Ware eben zu nach heutigen Begriffen recht günstigen Preisen abgegeben werden.

Diese Tatsache haben sich kluge Käufer zunutze gemacht, indem Lots in Melée, feinem Weiß, lupenrein in letzter Zeit stärker verlangt werden. Es handelt sich hierbei vor allem um Besatzware für die Herstellung von Juwelenschmuck, die stets benötigt wird und von der sich der vorausschauende Käufer einen kleinen Vorrat hinlegen sollte. Ein solches Lot enthält zehn bis fünfzehn oder auch mehr feine vollwertige Brillanten, von denen z. B. die Größen von 0.14 ct. bereits beachtliche Steine darstellen, die sich beispielsweise zur Karmoisierung von Farbsteinen eignen. Auch können kleine Diamanten bündelweise derart geschickt gefaßt werden, daß die Fassung völlig verschwindet und man den Eindruck eines großen Steines hat, dessen Brillanz sie nahekommen.

Zwischen Mehrkarätern und Meléeware ist der Standort der am meisten begehrten Steine, nämlich der Drittel-, Halb- und Einkaräter.

Daß Einkaräter – darunter versteht man Steine etwa zwischen 1 Karat und 1.25 Karat–stets Anlagesteine waren, liegt in derPraktikabilität ihres eventuellen Wiederverkaufs begründet. Neuerdings ziehen viele Geldanleger, denen große Steine zu teuer werden, die Anlage in Einkarätern vor. Für einen Dreikaräter im Wert von 100 000,– bis 120 000,– DM kaufen sie fünf bis sechs Einkaräter, was etwa dem gleichen Kapitaleinsatz entspricht. Ich bin sicher, daß sie damit gut fahren, weil sich letztere einzeln oder als Partie zweifellos leichter wiederverkaufen lassen als ein einzelner großer Stein. Wer über Millionenbeträge verfügt, dem kann man selbstverständlich zu großen und größten Steinen raten. Sie sind am seltensten und werden schon aus diesem Grund nicht nur ihren Preis halten, sondern sogar immer wertvoller werden. Die Versteigerungserlöse der großen Auktionshäuser Sotheby und Parke-Bernet beweisen dies.

In letzter Zeit hört man in zunehmendem Maße auch weitere Überlegungen, denen man sich nicht verschließen sollte. Sie betreffen die Ware zwischen $^1/_3$ und $^3/_4$ Karat.

Man kauft Anlagesteine um ihres Namens willen. Das heißt, sie sollen der Inflation entgegenwirken und ihren Realwert, also gewissermaßen ihren Preis in Goldmark mindestens behalten, was man auch immer darunter versteht. Man kauft auch, um in Notzeiten von dem Erlös solcher Ware leben zu können.

Notzeiten gelten aber für alle. Allen geht es gleich schlecht, und jeder versucht, gehortete Werte in Geld oder Überlebenswerte umzusetzen. Die Älteren haben solche Zeiten ja schon mehrfach durchgemacht.

Wenn nun aber viele gezwungen sind zu verkaufen, zum Beispiel gehortete Diamanten, so sinken auf Grund des Gesetzes von Angebot und Nachfrage die Preise – auch für Diamanten. Je größer der Stein ist, den man verkaufen muß, desto niedriger wird möglicherweise der relative Erlös sein; je kleiner aber der Stein, desto relativ mehr wird man erhalten. Vor allem kann man dann sukzessive verkaufen und ist nicht gezwungen, seine gesamte Hortung mit einem Schlag auf den Markt zu werfen.

Diese Erwägungen könnten dazu führen, nicht nur Einkaräter, sondern auch noch kleinere Steine in seine Überlegungen einzubeziehen. Ich glaube, daß dieser Tip seinen Preis wert ist. Aber es kommt noch etwas anderes hinzu.

Nach dem letzten Krieg gab es merkwürdigerweise nicht nur ausschließlich arme Leute. Auch gleich nach dem Währungsschnitt 1948 hatten nicht ganz wenige Leute sofort viel mehr Bargeld, also Deutsche Mark, als ihre kümmerlichen 40,– DM pro Kopf. Der Teufel mag wissen, wie sie zu dem Geld kamen, aber es war da. Selbst während der Inflation zwischen 1945 und 1948 wurden Edelsteine und Schmuck gekauft, hauptsächlich mit Devisen, die Ausländer oder Verwandte und Bekannte, die im Ausland lebten, ihren deutschen Freunden schickten. Wer damals Bargeld hatte, konnte sich fürstlich mit Diamanten und Edelsteinen und zwar zu Preisen eindecken, die man nur als Traumpreise bezeichnen kann. Ich will damit sagen, daß es also auf keinen Fall schaden kann, einen Teil seines Geldes in diese Ware zu investieren. Auch in Notzeiten, in denen 98% aller Menschen Not leiden, gibt es stets einige, die eine Ausnahme machen und kaufen können. Das haben wir nach 1945 und nach 1948 tausendfach gerade in unserer Branche erlebt.

Pikierte Steine?

Sollen denn nun, so wird man sich fragen, Diamanten von Top Crystal und vsi abwärts außerhalb aller Anlage-Überlegungen und allein dem Schmuckbedürfnis vorbehalten bleiben? Die Antwort auf diese Frage gibt einer der ersten Diamantexperten Deutschlands, Carl Albert Neumetzger, der auch Vorsitzender des Deutschen Diamant-Komitees ist und dessen verewigtem Vater ich bereits als Geschäftsführer der damaligen Fachgruppe der Importeure und Exporteure von Edelsteinen und Perlen diente. In einem Interview mit dem Handelsblatt am 3. 2. 1972 sagte Neumetzger:

»Neben lupenreinen Brillanten sollten auch Steine der feinsten Farbstufen, also Weiß, feines Weiß und Blauweiß *mit Einschlüssen* aus Preisgründen mit in die Anlagebetrachtungen einbezogen werden.« In der Tat konnte vielfach beobachtet werden, daß in letzter Zeit die Wertzuwachsraten bei bestfarbigen Steinen mit kleinen Einschlüssen höher waren als bei lupenreinen Steinen mit etwa Top-Crystal-Farbe oder darunter.

Daraus kann man den Schluß ziehen, daß es durchaus sinnvoll ist, selbst hochkarätige Steine mit minimalen Einschlüssen, aber feiner Farbe zu erwerben, die dann laut Tabelle auf Seite 31 unter Umständen mehr als 50% billiger sind und deshalb Ersparnisse, etwa bei einem Zweikaräter, von 30 000,– DM und mehr ermöglichen.

Wo soll man Diamanten kaufen?

Die Erfahrung lehrt, nach Möglichkeit im eigenen Lande zu kaufen. Viele Gründe sprechen dafür. Schweizer Verkäufer werben mit der Ersparnis der 11%igen Mehrwertsteuer. Beim Einkauf von Gold könnte man diese Begründung gelten lassen, weil Goldbarren genormt und mit entsprechenden Prägungen versehen sind. Nur darf man sich an der Grenze nicht erwischen lassen, denn bei der Einfuhr des steuerfrei gekauften Goldes ist die MWSt. an der Grenze nachzuentrichten. Dasselbe gilt beim Ankauf von bestimmten Goldmünzen in der Schweiz.

Bei Diamanten ist die Begründung der Steuerersparnis unrichtig. Auch in den Verkaufspreisen der Schweizer Juweliere sind die normalen Umsatzsteuerbeträge einkalkuliert, nur werden sie im Verkaufspreis nicht ausdrücklich erwähnt.

Weiter wird als Grund für Einkäufe im Ausland angeführt, man brauche inländischen Juwelieren ja nicht unbedingt seine Potenz in finanzieller Beziehung zu demonstrieren. Viele Kanäle führten zum Finanzamt. Nun, ich neige zu der Auffassung, daß die deutschen Finanzämter ihre Pappenheimer besser kennen als man gemeinhin anzunehmen bereit ist. Und der Wertzuwachs bei Luxusgütern ist ohnehin steuerfrei. Vermögenssteuern aber werden sowieso in den meisten Ländern erhoben.

Daß dennoch die Schweiz gewisse Vorzüge zu besitzen scheint, kommt in einer angeblich verbürgten Geschichte zum Ausdruck, die ich meinen Lesern nicht vorenthalten möchte. Will doch da ein deutsches Ehepaar in der Zürcher Bahnhofstraße einen Diamantring kaufen. Die etwas füllige Dame läßt sich einen Brillant-Ring über den fleischigen Finger streifen und ruft entzückt aus: »In der Schweiz paßt mir auf Anhieb jeder Diamantring!« Galant erwidert der Juwelier: »Gnädige Frau, wir haben uns auch ganz auf westdeutsche Größen umgestellt.«

Manche Leute, die das Gras wachsen hören, geben den Rat, in denjenigen Ländern einzukaufen, in denen die meisten Diamanten geschliffen werden.

Früher war Belgien dieses Land. In Antwerpen allein sind heute noch zwischen 8 000 und 10 000 Diamantschleifer tätig. Außerdem gibt es dort mehrere Diamantbörsen. Belgien exportierte 1973 für 2,4 Milliarden DM Diamanten, im wesentlichen geschliffene. Inzwischen jedoch dürfte Israel Belgien den Rang abgelaufen haben. Dort waren bereits vor dem Jom-Kippur-Krieg nahezu 12 000 Diamantschleifer beschäftigt. Der Wert der Diamantausfuhr hat auch hier die Milliarde längst überschritten.

Das nächst größere Land mit ebenfalls weit über 10 000 Diamantschleifern ist Indien, nur werden dort vorwiegend kleine und kleinste Steine geschliffen.

Dieselbe Anzahl Schleifer beschäftigen die Vereinigten Staaten von Nordamerika. Dagegen hat das größte Diamanten-exportierende Land der Welt, Südafrika, nur relativ wenige Schleifer. Dafür bekommt man aber von dort die schönsten und größten geschliffenen Diamanten.

Wieviele Diamantschleifer die Sowjetunion hat und wie hoch sich deren Ausfuhr beläuft, weiß niemand. Bekannt ist nur, daß dort die Gestehungskosten in der Diamantgewinnung enorm hoch liegen, weil die Steine tief aus der ewig gefrorenen sibirischen Erde geborgen werden müssen und die Arbeitsbedingungen sehr schwer sind. Neuerdings werden aber auch im Ural immer mehr Diamanten entdeckt.

Außer in den genannten Ländern werden noch in Brasilien, Sierra Leone, Ghana, Zaire, Angola, in der Zentralafrikanischen Republik und in Venezuela Diamanten gefunden und zum Teil auch in diesen Ländern bearbeitet. Es ist aber wenig sinnvoll, für alle diese Länder Im- und Exportzahlen zu nennen. Die offiziellen Statistiken sind nur bedingt aussagekräftig, weil der Handel oft recht unkonventionelle Wege geht. Erinnert sei nur an die Jahre des sogenannten Diamantboykotts Deutschland durch die ganze Welt, der im Dritten Reich begann und erst in den fünfziger Jahren eingestellt wurde.

Wegen der antijüdischen Pogrome der Nazis entschloß sich das Diamantsyndikat, die deutschen Diamantschleifereien von der Liste der offiziellen Bezieher zu löschen, obwohl seit den Dreißiger Jahren in Deutschland mehr als 2400 Diamantschleifer beschäftigt waren, und zwar fast ausschließlich im Lohnschliff für ausländische Rechnung. Diese Tätigkeit brachte dem Deutschen Reich so wertvolle Devisen, daß die Reichsregierung die deutschen Diamantschleifereien subventionierte. Ohne Nachschub an Rohware wären sie jedoch zum Untergang verurteilt gewesen. Doch, o Wunder, alle 2400 Diamantschleifer in Idar-Oberstein, Hanau und in der Pfalz (bei Brücken im Kreis Kusel) waren nicht nur während des ganzen Dritten Reiches, sondern noch bis zum Abblasen des Boykotts reichlich mit Rohdiamanten versorgt, die fast ausschließlich aus Belgien über die grüne Grenze hereinkamen.

Nach Abbruch der Zwangsmaßnahmen konnte dann nach und nach ein eigener deutscher Diamantmarkt aufgebaut werden, zumal – wie schon bemerkt – seitdem auch Deutsche zu den Zweihundert gehören. Nur hat sich seitdem die Zahl der Diamantschleifer dezimiert, sie beträgt heute nur noch einige Hundert. Wenn aber früher fast ausschließlich im sogenannten Achtkant geschliffen wurde, also kleine Steine, so sind heute die deutschen Diamantschleifer mit allen vorkommenden Schleifarten befaßt; der deutsche Diamantschliff ist in der ganzen Welt berühmt und wird von keinem Land übertroffen.

Soll man nun, um die oben gestellte Frage zu beantworten, in den genannten Ländern rohe oder geschliffene Diamanten als sogenannte Okkasionen kaufen?

Zunächst ist es empfehlenswert, sich – als Tourist – in jedem dieser Länder mit den geltenden Devisen- und den örtlichen Bestimmungen für Einkauf und Export von Luxusgütern vertraut zu machen. In einigen von ihnen ist der Verkauf an Private überhaupt verboten, in anderen zum mindesten die Ausfuhr.

Als Laie unterliegt man bei privaten Käufen außerdem der Gefahr des Betrugs, und zwar sowohl bezüglich der Echtheit der Steine als auch des Preises. Die europäischen Qualitätsbestimmungen sind nicht verbindlich. Zertifikate sind entweder überhaupt nicht üblich oder gefälscht. Mit einem Wort: Man ist der Willkür mancher Verkäufer restlos ausgeliefert. Deshalb nochmals mein Rat: Nicht außerhalb

Europas und nur bedingt im europäischen Ausland kaufen, wenn man selbst nicht absolut sattelfest in der Beurteilung der Steine ist.

Auch der Einkauf an einer der 14 Diamantbörsen der Welt ist dem Privatmann untersagt. Er kann sich Diamanten nur indirekt durch einen an den Börsen zugelassenen Juwelier oder Makler besorgen lassen. Berechnet wird bei einem solchen Kommissionsgeschäft der Börsenpreis zuzüglich einer Provision; bei Verkauf werden etwa 5% in Rechnung gestellt. Hinzu kommt in Deutschland die Mehrwertsteuer von 11%. Insgesamt gehen also etwa rund 30% der eventuellen Wertsteigerung eines Steins à conto Spesen und Steuern. Unter diesen Umständen ist es zweckmäßiger und kaum teurer, den einfacheren Weg des unmittelbaren Einkaufs bei seinem Juwelier zu wählen.

Wie erkennt man unseriöse Angebote?

In angeblich besonders preisgünstigen Offerten (»Ein Wunder an Schönheit und Preiswürdigkeit«) fehlt meist eines der preisentscheidenden Indizien eines Diamanten. Wenn in einem Inserat zwar Lupenreinheit und Schliff gepriesen werden, aber kein Wort über die Farbe erwähnt ist, muß schon etwas faul sein. Gerade die Farbe ist bekanntlich eine der wichtigsten Komponenten bei der Preisfindung.

Bei sorgfältiger Prüfung wird immer wieder festgestellt, daß die Farbstufe Wesselton (weiß) zu Top Wesselton (feines Weiß) und Top Wesselton zu River (blauweiß) hochgelobt wird.

In leider sehr vielen Fällen sind auch als lupenrein angebotene Steine vvsi (sehr sehr kleine Einschlüsse). Oder vvsi-Steine sind in Wirklichkeit vsi (sehr kleine Einschlüsse). Dem Wortlaut nach mag das eine Lappalie sein – der Preisstellung nach aber ein sehr großer Sprung, wie wir der Tabelle auf Seite 31 entnehmen können.

Für die Qualitätsbestimmung von Edelsteinen gelten in Deutschland die Bestimmungen der RAL-Vorschrift 560 A5: »Begriffe und Bezeichnungen für Edelsteine, Schmucksteine, Perlen, Korallen sowie Synthesen, Dubletten, Imitationen und Phantasieerzeugnisse.«

Als lupenrein gelten danach »geschliffene Diamanten, die bei Betrachtung mit einer zehnfach vergrößernden aplanatischen und achromatischen Lupe dem durchschnittlich geübten Fachmann als frei von inneren Merkmalen erscheinen lassen«.

Da im Ausland teilweise andere Bezeichnungen oder andere Toleranzgrenzen bestehen, kann man beim dortigen Einkauf schweren Irrtümern unterliegen. So gilt ein in Frankreich als lupenrein eingekaufter Stein in Deutschland nicht als lupenrein, weil in Frankreich nur die dreifache Vergrößerung, bei uns aber die zehnfache erforderlich ist. Ein in England als River eingekaufter Stein wird hier meist nur mit Top Wesselton eingestuft.

Deshalb sind unter Leitung eines der besten Sachkenner auf diesem Gebiet, des Juweliers Dr. Gübelin-Luzern in mehrjähriger Arbeit »Definitionen und Anwendungsbestimmungen für Edelsteine, Schmucksteine, Perlen und Zuchtperlen« aufgestellt worden, die auch der interessierte Laie beim UBOS-Sekretariat, CH 3001 Bern, Bahnhofsplatz 7 in vier Sprachen anfordern kann.

Für Diamanten werden ähnliche Bestimmungen vorbereitet, so daß zumindest in allen europäischen Ländern in absehbarer Zeit die gleichen Bezeichnungen verwandt werden und einheitliche Bestimmungen für die Prüfung und Graduierung von Diamanten gelten. Die erwähnte RAL 560 A5 wird alsdann auf die internationalen Bestimmungen ausgerichtet werden.

Aus diesen Darlegungen möge man die für den Laien außerordentlich großen Schwierigkeiten erkennen, unseriöse Angebote zu durchschauen. Der versierte Geschäftsmann, der auch zwischen den Zeilen eines Angebots zu lesen versteht, wird schon an der Textdiktion merken, ob dahinter ein ernstzunehmender Anbieter steht. Als zahlungskräftig vermutete Interessenten werden heutzutage so mit Kapitalanleger-Offerten überschwemmt, daß sie bereits eine gewisse Übung darin entwickelt haben, die Spreu vom Weizen zu trennen. Von Lesern meiner bisher erschienenen Edelsteinbücher werden mir oft solche Drucksachen mit der Bitte um Prüfung zugeleitet, ob man davon Gebrauch machen solle.

In den meisten Fällen muß ich antworten, daß eine Preisprüfung nur an Hand des darin angebotenen Steins möglich sei und daß dieser Stein erst genauestens auf seine Eigenschaften untersucht werden müsse. Auf jeden Fall aber kann ich die Anbieter kategorisieren, und das ist zunächst einmal sehr wichtig. Ein Diamantkäufer sollte zunächst den Juwelier, dann den Stein wählen. Im übrigen: Wer 20000 oder 100000 DM oder noch mehr für Edelsteine oder Schmuck ausgeben möchte, dem kann ich nur abraten, solche Beträge Verkäufern anzuvertrauen, die man nicht persönlich kennt und mit denen einen kein gewachsenes Vertrauensverhältnis verbindet.

Es gibt derzeit in der Bundesrepublik Deutschland etwa 80 bis 90 Diamantenverkäufer (ohne die eingesessenen Juweliere und Schmuckgeschäfte), von denen 90% weder Juweliere noch langjährige Praktiker sind, d. h. nicht viele Jahre lang in der Branche tätig waren. Von ihnen haben sich sechs bis acht seit Jahren einen Ruf erworben, der eine Kontaktaufnahme rechtfertigt. Testkäufe bei ihnen fielen überwiegend zufriedenstellend aus. Eine dieser Firmen arbeitet seit 1964 in der Branche und, obwohl kein Juwelier, macht sie bedeutende Umsätze. Sie hat sich sogar die Garantie einer Großbank besorgt, die für die zugesicherte Qualität der verkauften Diamanten bürgt; ein Verfahren, das dem mit seiner Unterschrift bürgenden Juwelier zwar suspekt ist, das aber eben beim Laien seinen Eindruck nicht verfehlt. Der von der Firma ausgestellte »Diamantpaß« erstreckt sich auf 18 Punkte, ist also sehr umfassend und seine Merkmale werden gespeichert. Der Käufer hat das Recht, im Austausch entweder einen anderen Stein oder die Erstattung des Minderwertes oder gegen Rückgabe des Diamanten den vollen Kaufpreis erstattet zu bekommen.

Ich zähle diese Gepflogenheiten dieser Firma deshalb so ausführlich auf, weil sie für den Kunden natürlich beeindruckend sind, wenn er sie in Prospekten, Inseraten oder persönlichen Angeboten liest. Aber dieselben oder ähnliche Konzessionen machen auf Wunsch auch die meisten seriösen Juweliere. Wenn ich ausdrücklich von »seriösen« Juwelieren spreche, so habe ich auf Grund jahrzehntelanger Beobachtungen Grund hierfür. Wie in jedem Gewerbe so gibt es auch hier Ausnahmen negativer Art, nur wirkt sich bei hochwertigen Luxusgütern jede Unseriösität ungleich schwerwiegender aus als in anderen Gewerbezweigen. Gerade deshalb empfiehlt es sich eben, nach einem Juwelier oder Goldschmied Ausschau zu halten, der einen genau wie der Hausarzt sein Leben lang begleitet. Wenn ein Vertrauensverhältnis erst einmal hergestellt ist und sich bewährt hat, kann man unbesorgt auch die hochwertigsten Schmuckstücke kaufen. Die Ware wird wegen des scharfen Konkurrenzdrucks so kalkuliert, daß die Gewinnspanne die beruhigende Prämie für absolut sorgenfreien Erwerb ist.

Deshalb geht nichts über den Einkauf bei »seinem« Goldschmied oder Juwelier – diese Feststellung habe ich immer wieder machen können. Da wir noch beim Kapitel »Diamanten« sind (Diamantschmuck und Juwelen siehe Seite 93), sei betont, daß selbstverständlich auch der Juwelier ungefaßte geschliffene Edelsteine und Diamanten verkauft.

Jeder Juwelier steht entweder mit dem Großhandel oder mit der Schleiferei in unmittelbarer Verbindung. Der Vorteil für den Juwelier, sich beim Handel einzudecken, wurde bereits ausführlich auf Seite 26 behandelt. Zahlreiche Diamant- und Edelsteinschleifereien verkaufen aber auch unmittelbar an den Facheinzelhandel, und viele von ihnen sind zugleich Importeure. Auf jeden Fall hat der Juwelier die Möglichkeit, die Quellen in Anspruch zu nehmen, die eine breite Palette und riesige Vorräte an geschliffenen Steinen darbieten. Er kann somit seinen Kunden jeden noch so ausgefallenen Wunsch erfüllen, kann auf Grund seines Wissens, seiner langjährigen praktischen Erfahrung und seiner Ausbildung den Kunden beraten und einen Service bieten, der ausschließlich bei ihm zu finden ist. Denn er weiß, daß er in den meisten Fällen keine Laufkunden vor sich hat, die mal hier, mal dort, mal in diesem, mal in jenem Warenhaus dem angeblich günstigsten Angebot nachjagen, sondern daß es sich eben um Stammkunden handelt. Diese zu behalten liegt in seinem Interesse. Der Kunde weiß dies, und somit wird eine Enttäuschung oder gar eine Täuschung so gut wie auszuschließen sein.

Damit wird kein Urteil über die Waren- und Versandhäuser abgegeben. Diese haben sich vielmehr zu bedeutenden Verkaufsmedien für Schmuck und Juwelen entwickelt, die aus der Branche nicht mehr wegzudenken sind.

In Idar-Oberstein kaufen?

Daß die vielen Tausende von Besuchern der Weltzentrale für Edelsteine, Idar-Oberstein, der Stadt der tausend Edelstein- und Schmuckbetriebe, mit dem Wunsch liebäugeln, direkt beim Schleifer einkaufen zu können, weiß jeder. Unter diesen Tausenden von Besuchern gibt es sicher welche, denen das auch tatsächlich gelingt. Aber bei ihnen handelt es sich meist nur um persönliche Bekannte oder durch Dritte Eingeführte. Alle anderen Besucher werden auf die zahlreichen Edelstein- und Schmuckgeschäfte Idar-Obersteins verwiesen, die als am Ort ansässig zweifellos eine große Auswahl zu bieten haben. Da sie, von besonderen Beziehungen abgesehen, im allgemeinen zu denselben

Bedingungen einkaufen wie auswärtige Juweliere und Schmuckgeschäfte, wird auch ihre Kalkulation den allgemeinen Grundsätzen entsprechen. Was besonders reizt, ist eben die Fülle des Angebots und der Geschäfte.

Warum in Idar-Oberstein Edelstein-, Diamantschleifer und Edelsteinhändler ausschließlich an den Fachhandel, also an Groß- und Einzelhandel, verkaufen, ist in den überall üblichen Geschäftsusancen begründet. Wenn direkt an jeden Privatmann verkauft würde, könnten das die 12000 deutschen Schmuckfachgeschäfte nicht hinnehmen, und diese sind ja nun schließlich die besten Abnehmer der Branche. Auch nach den gesetzlichen und steuerlichen Bestimmungen kann gar nicht anders verfahren werden. Schließlich ist die Einhaltung eines einheitlichen Preisgefüges nur durch strenge Handelsdisziplin gewährleistet, und nur so kann der alte gute Ruf der absoluten Seriösität des deutschen Edelstein- und Schmuckwarengewerbes aufrechterhalten werden. Dieses Gewerbe unterliegt strengen Gesetzen, und wer ihm angehört, muß sich ihnen unterordnen, oder seine Existenz ist gefährdet. Hier wird nicht mit Butter oder Käse gehandelt, sondern mit den edelsten und kostbarsten Erzeugnissen unserer Erde. Die Branche erwiese sich einen schlechten Dienst, wenn sie ihr Image durch Außenseiter in Frage stellen lassen würde. Schließlich liegt strenge Preis- und Geschäftsdisziplin auch im wohlverstandenen Interesse der Käufer von Diamanten, Edelsteinen und Schmuck.

Zusammenfassung

Die Gründe, warum Diamanten in Geldanlage-Überlegungen einbezogen werden sollten, fasse ich wie folgt zusammen:

1. Diamanten konnten sich bisher stets jeder Geldentwertung entziehen.
2. Bisher hatten Diamanten einen jährlichen Wertzuwachs bei feinen Steinen von etwa durchschnittlich 5 bis 8%, von dem Ausnahmefall des Jahres 1973 abgesehen, in dem ein Preissprung von über 100% erfolgte.
3. Diamanten (und Edelsteine) sind die diskreteste Form der Geldanlage, wenn man seine Vermögensverhältnisse nicht offenbaren möchte.
4. In Krisen- oder Kriegszeiten müssen Gold und andere Edelmetalle zumeist abgeliefert werden. Diamanten, ob geschliffen oder ungeschliffen, waren bisher stets vor Zugriffen des Staates sicher.

5. Auch in Krisenzeiten blieben Mobilität und Transfer dieses »größten Wertes auf kleinstem Raum« im Gegensatz zu dem schwereren Gold und zu Immobilien möglich.
6. Diamanten gewähren höchstmöglichen Prestigenutzen, wenn man sie zu Juwelen verarbeitet der Umwelt zeigen möchte.
7. Diamanten ermöglichen eine dynastische Geldanlage, wenn man unter Umgehung staatlicher Zugriffe sein Vermögen auf Kinder und Kindeskinder übertragen möchte.
8. Diamanten sind in der Substanz unzerstörbar. Mit Edelmetallen teilen sie die Eigenschaft, nicht zu veralten.
9. Man kann Diamanten sukzessive kaufen und damit ein Depot anlegen. Es kann auch durch die Möglichkeit aufgestockt werden, daß viele Juweliere bereit sind, bei ihnen erworbene Steine unter Ausgleich der Wertdifferenz in größere Steine umzutauschen.
10. Es muß abschließend nochmals nachdrücklich darauf hingewiesen werden, nur ungefaßte Steine im Brillantschliff als Anlagesteine zu kaufen. Anders geschliffene Steine vergrößern das Risiko beim Wiederverkauf. Brillanten feinster Qualität, wie in diesem Buch beschrieben, sind zusammen mit dem Zertifikat eines seriösen Juweliers, das dessen Unterschrift trägt, weltweit fungible Anlageobjekte.

V

Sinn und Unsinn von Zertifikaten

In der ganzen Welt ist es guter kaufmännischer Brauch, für eine gekaufte Ware eine Rechnung auszustellen. Selbst im kleinsten Einzelhandelsgeschäft erhält man einen Kassenbon. Beides genügt in den meisten Fällen, um eine Reklamation anzubringen.

Da beim Juwelier meist hochwertige Waren gekauft werden, kommt einer von ihm erteilten Rechnung besondere Bedeutung zu, denn hier geht eine etwaige Reklamation ins Geld.

Neben oder statt der Rechnung hat sich seit einer Reihe von Jahren der Brauch eingebürgert, beim Kauf von Edelsteinen, Diamanten und teurem Schmuck ein sogenanntes Echtheitszertifikat auszustellen, das manchmal auch Diamanten- oder Juwelenpaß genannt wird oder andere Bezeichnungen trägt.

Wenn ein solches Zertifikat ordnungsgemäß ausgefüllt wird und alle zur Identifizierung des zugehörigen Steines oder Juwels notwendigen Angaben enthält, ist nichts gegen diese Übung einzuwenden. Leider ist von unseriösen Firmen oder Verkäufern das Zertifikatswesen in Mißkredit gebracht worden, weil der Inhalt oft eine Identifizierung nicht mehr gewährleistet, ja weil mit Expertisen ein regelrechter Handel getrieben wurde. Unrichtige Angaben in den Papieren waren keine Seltenheit, wie wir im Falle Orbach schon sahen. Wie liegen die Dinge?

Man muß zwischen Zertifikat und Expertise unterscheiden. Das Zertifikat ist eine Bescheinigung, die der Juwelier beim Verkauf eines Diamanten, eines Diamantrings oder überhaupt eines Schmuckstücks ausstellt. Er unterzeichnet sie mit seinem Namen und händigt sie zusammen mit dem gekauften Gegenstand dem Käufer aus.

Eine Expertise dagegen ist ein Sachverständigen-Gutachten, in dem die Ergebnisse einer eingehenden wissenschaftlichen Untersuchung schriftlich niedergelegt werden und das dem Auftraggeber ausgehändigt wird.

Wenn sich ein Juwelier einverstanden erklärt, *auf Wunsch* ein Zertifikat über Gewicht, Farbe, Reinheit und Schliff eines bei ihm gekauften Diamanten auszustellen und mit seiner Unterschrift zu bestätigen, so ist das richtig und begrüßenswert. Es besagt, daß er mit seinem ganzen Gewicht und Renommé als vertrauenswürdiger Kaufmann und Experte für die Richtigkeit der Angaben in diesem Zertifikat einsteht. Natürlich kann er diese Angaben auch in der Rechnung vermerken und unterschreiben. Dann erübrigt sich die Ausstellung eines besonderen Zertifikats. Was aber hat es mit der Expertise auf sich?

Ein Juwelier, der ein Zertifikat mit Unterschrift hergibt, kennt seinen Kunden, denn er hat es ihm ja persönlich ausgehändigt. Letzterer kann sich deshalb jederzeit an den Juwelier halten.

Den Aussteller einer Expertise, der diese gewerbsmäßig ausstellt, kennt er manchmal nicht. Außerdem sucht sich dieser durch den Vermerk »nach bestem Wissen, jedoch ohne Obligo« oder eine ähnliche Klausel von vornherein gegen jeden Regreßanspruch abzusichern. Eine Expertise kann also rechtsunverbindlich sein.

Aber es besteht auch noch ein anderer grundlegender Unterschied zwischen Zertifikat und Expertise. Das Zertifikat stellt der Juwelier am Tage des Steineinkaufs und über eben diesen Stein aus. Er bürgt also mit seiner Unterschrift für die Richtigkeit und mit der absoluten Gewähr für den Käufer, daß das Zertifikat tatsächlich *seinen* Stein beschreibt.

Bei der Expertise dagegen *kann* zwischen ihrer Ausfertigung und der Übergabe an den privaten Käufer ein Zeitraum von mehreren Monaten liegen. Und wenn sie gar im Auftrag eines Vorbesitzers, etwa im Auftrag eines ausländischen Exporteurs angefertigt wurde, dann liegt zwischen Ausstellung und Aushändigung nicht nur eine zeitliche, sondern auch eine räumliche Distanz und ein Weg über mehrere Stufen, der sich schwer zurückverfolgen läßt.

Es ist einem Fabrikanten oder Großhändler auch gar nicht möglich, bei den Tausenden von Diamanten oder Schmuckstücken, die durch den Betrieb fließen, für jedes Einzelstück Graduierungsmerkmale aufzustellen und zusätzlich dafür Sorge zu tragen, daß die Bescheinigung das zugehörige Schmuckstück bis zum Verkauf begleitet. Eine Vielzahl von Modellen und Artikelnummern muß ja gleichzeitig bearbeitet werden. Während aber diese Verwechslungsmöglichkeiten durch entsprechende organisatorische Maßnahmen auszuräumen sind, wird die Expertisenpraxis dann völlig sinnlos, wenn noch nach Jahren Qualität, Gewicht und sonstige Merkmale bestimmt werden sollen, falls das zu begutachtende Schmuckstück zwecks Prüfung gar nicht mehr zur Verfügung steht. Es ist vorgekommen, daß der Vertreter einer Antwerpner Firma ein Bündel von 80 bis 100 Expertisen in seiner Aktentasche mit sich herumtrug. Daß bei einer solchen Handhabung Stein und Expertise durcheinander kommen können, ist nicht von der Hand zu weisen, besonders wenn es sich um kleinere Steine handelt.

Die Süddeutsche Zeitung schrieb am 18. März 1972 (»Betrug mit Zertifikaten«), es sei kein Geheimnis, daß ein betrügerischer, aber schwunghafter Handel mit Expertisen betrieben werde. (Die Zeitung hätte auch in der Überschrift nicht von Zertifikaten, sondern von Expertisen sprechen müssen.) Und welcher Unsinn manchmal in einer solchen »Expertise« steht, das nennt die Zeitung auch beim Namen: Ein »bester Cape 1.I.«, von dem der ahnungslose Käufer annehmen muß, es handele sich um »beste« Qualität, ist in Wirklichkeit ein gelblicher Diamant mit starken Einschlüssen, also Farbe Cape und Reinheit 1. Piqué (vgl. Tabelle auf Seite 28).

Ein Importeur, dem aus Antwerpen eine Auswahlsendung zugeschickt worden war, berichtet, daß bei 80% der Steine die Angaben in den beigegebenen Expertisen über die Farbe um eine oder sogar zwei Stufen unter seinen eigenen Feststellungen lagen; bei der Hälfte der als lupenrein bezeichneten Steine war seine eigene Prüfung nur vvsi.

Und noch ein letztes: Erst die Bescheinigungs-Inflation hat es ermöglicht, daß sich gewisse in- und ausländische Versandhäuser, Anlageberater oder sogar einkommenslos gewordene IOS-Vertreter und wer sonst noch Lust dazu hatte, des Diamantverkaufs bemächtigen konnten. Fachkenntnisse haben sie, seitdem sie sich Expertisen kaufen können, nicht mehr nötig, geschweige denn die Kunst des Graduirens. Die Expertise, erzählen sie ihren (bedauernswerten) Kunden, sei »nicht von Geschäftsleuten, sondern von Neutralen« angefertigt und verdiene somit mehr Vertrauen als die Zertifikate des Juweliers. Diese Zusammenhänge um das Phänomen Expertise und Zertifikate muß man kennen, wenn man die Dinge richtig sehen will.

Die mit dem guten Namen des Juweliers unterzeichnete Bescheinigung, die nicht mit dem ominösen »ohne Obligo« versehen ist, gewährt dem Käufer die nicht zu überbietende Sicherheit, daß er für sein gutes Geld einen reellen und nachprüfbaren Gegenwert erhalten hat. Der Juwelier bürgt *heute* und *in der Zukunft* mit Namen und Ruf als vertrauenswürdiger Fachmann für die Richtigkeit seiner Angaben. *Seine Unterschrift ist es, die dem Zertifikat seinen Wert verleiht.*

Der Bundesverband der Importeure und Exporteure von Edelsteinen und Perlen glossierte in sehr humoristischer Form dieses etwas unglückliche Bescheinigungs-System, indem er im Mai 1972 schrieb:

»›Denn was man schwarz auf weiß besitzt, kann man getrost nach Hause tragen‹, heißt es in Goethes ›Faust‹. Dieser Satz wird gern zitiert, wenn jemand vor sich selbst oder vor anderen seine Vorliebe, um nicht zu sagen Schwäche für alles Gedruckte und Geschriebene vor dem gesprochenen Wort rechtfertigen will. Man übersieht dabei allerdings regelmäßig, daß Goethe diesen Ausspruch nicht etwa dem hochgelehrten Doktor Faust in den Mund legt, sondern dem noch gänzlich unbedarften Schüler, nachdem der listige, als Faust verkleidete Mephisto ihn durch seine teuflischen Redereien völlig verwirrt hat. (›Mir ist von alledem so dumm, als ging mir ein Mühlrad im Kopf herum‹). An diesen Ursprung des Zitats sollte man aber denken, wenn man sich einmal fragt, worauf wohl der Siegeszug des Zertifikats, der Expertise, des Prüfscheins oder wie alle die Bescheinigungen über die Beschaffenheit von Diamanten auch immer genannt werden mögen, zurückzuführen ist, den wir in den letzten Jahren erlebten und wohin die Reise mit ihnen geht.«

Abschließend mache ich auf eine Institution aufmerksam, deren Errichtung viele dieser Schwierigkeiten beseitigen half. Es ist die vor einigen Jahren gegründete Edelsteinprüfstelle in Idar-Oberstein, die auch die Bezeichnung »Institut für angewandte Gemmologie« trägt. Sie hat die Rechtsform einer GmbH. und wird von zwei Geschäftsführern geleitet, Professor Dr. Hermann Bank und Dr. Godehard Lenzen.

Als neutrale Institution stellt sie Befundberichte über Edelsteine und Bescheinigungen über Diamantgraduierungen aus. Auch wenn bisher solche Bescheinigungen vielfach auf Briefbögen beispielsweise eines Universitäts-Instituts ausgestellt wurden, trugen nach geltendem Recht die Verantwortung für den Inhalt niemals die Institute, sondern ausschließlich die Unterzeichner persönlich. Diese formalrechtliche Differenzierung ist im Universitätsbereich üblich.

Wenn man aber den Schwierigkeitsgrad mancher Untersuchungen und die finanziellen Größenordnungen für einzelne der untersuchten Objekte berücksichtigt, kann eine Einzelperson die Verantwortung dafür nicht allein tragen, selbst wenn sie die Untersuchung zwar im Institut, aber doch privat unter persönlicher Verantwortung durchführte.

Deshalb bot sich die Gründung einer Edelsteinprüfstelle in der Rechtsform einer GmbH. an, welche als Institution die Verantwortung für solche Untersuchungen übernimmt. *Sie* haftet also, wenn berechtigte Ansprüche gestellt werden sollten, und nicht der einzelne Untersuchende, selbst wenn er die Bescheinigung im Auftrag der Geschäftsführer unterzeichnet.

Die Edelsteinprüfstelle GmbH., Institut für angewandte Gemmologie in Idar-Oberstein, vereint ein Optimum von Untersuchungsmethoden und an persönlicher Qualifikation, indem sie Spezialisten beschäftigt, die alle vorkommenden Fälle bearbeiten können. Die täglichen Routinefälle erledigt ein technischer Angestellter, und darüber hinaus werden freie wissenschaftliche und technische Mitarbeiter beschäftigt. Die ersteren werden für die Edelsteinbestimmung, die letzteren für die rein technisch-kommerziellen Fälle eingesetzt, also vor allem in der Diamantgraduierung. Die Geschäftsführer behalten sich besonders schwierige Fälle technisch-wissenschaftlicher Art vor und können natürlich selbst jederlei Untersuchungen durchführen.

Bei der Edelsteinprüfstelle handelt es sich somit um eine Zusammenfassung modernster Methoden, Geräte und spezialisierter Mitarbeiter, die in der Lage sind, sich selbst größter Objekte vor allem bei besonders hochwertigen Diamanten, Rubine, Saphire und Smaragde anzunehmen.

Was aber, so wird der Edelstein- und Schmuckkäufer fragen, geschieht mit dem »täglichen Brot« der Praxis, also mit relativ kleinen Steinen, deren Käufer ja schließlich auch darauf angewiesen ist, keine Nachahmungen oder mindere Qualität zu erwerben? Kann er sie auch für ein angemessenes Honorar untersuchen lassen? Die Antwort hierauf überlasse ich Herrn Professor Dr. Bank persönlich, der sie in einem der Zeitschrift »Die Uhr« gewährten Interview gab (Nr. 2/71).

»Es wäre völlig unzutreffend, von den ›großen‹ Möglichkeiten der Edelsteinprüfstelle auf die ›großen‹ Objekte zu schließen. Sie führt grundsätzlich zwei Arten von Arbeiten aus. 1. Die Erstellung von

Befundberichten über die Identität von Edelsteinen und Perlen sowie über die Unterscheidung von natürlichen Edelsteinen und natürlichen Perlen von deren Nachahmungen. Das nennt man abgekürzt ›*Echtheitsprüfungen*‹; – 2. werden Diamantgraduierungen vorgenommen nach Reinheit, Farbe und Schliff. Dabei ist es gleichgültig, ob die zu untersuchenden Steine oder Perlen groß oder klein sind, hochwertig oder nicht. Nach unserer Gebührenordnung kostet die Untersuchung eines Edelsteins durchschnittlich 20,– bis 30,– DM. Ist der Untersuchungsaufwand gering, kann es sogar noch billiger sein. Die Gebühren richten sich nicht nach dem Wert des Objekts, sondern nach dem Aufwand, der auch für kleine Objekte verfügbar sein muß, sonst hätte die Edelsteinprüfstelle ihre Aufgabe verfehlt. Sie kann mit Minimalgebühren arbeiten, weil sie keinen Gewinn erwirtschaften, sondern neutral und gemeinnützig sein will. (Das war 1971. Inzwischen sind die Gebühren seit dem 1. Juli 1974 auf durchschnittlich 40,– DM angehoben worden. Der Verf.) Die Edelsteinprüfstelle kann von *jedermann* um Edelsteinuntersuchungen und Diamantgraduierungen angegangen werden. In der Praxis sieht das so aus, daß die zu untersuchenden Edelsteine oder Perlen dieser Stelle zugesandt werden, und zwar als Wertbrief, nicht als Einschreiben, weil dies gegen Verluste schützt. Laut Postordnung gehören Wertgegenstände nicht in Einschreibebriefe. Es muß angegeben werden, ob auf Echtheit untersucht werden soll, also eine Edelsteinbestimmung vorgenommen werden soll oder – bei der Diamantgraduierung – welche Qualitätsmerkmale graduiert werden sollen: Farbe, Reinheit und Schliff oder nur eines davon. Diese Sendungen sind zu adressieren an die Edelsteinprüfstelle, 658 Idar-Oberstein 2, Gewerbehalle.

Die Erstellung von *Wertgutachten* zählt nicht zum Aufgabenbereich der Edelsteinprüfstelle. Hier wird ja erst die Voraussetzung geschaffen, um später ein Wertgutachten abgeben zu können. Es wird nämlich die Feststellung getroffen, um welches Material, um welche Substanz es sich handelt.

Für Wertgutachten ist in Idar-Oberstein ein jeweils für bestimmte Edelsteinarten bestellter und beeidigter Sachverständiger der Industrie- und Handelskammer zuständig; insgesamt sind es zehn. Auf besonderen Wunsch des Auftraggebers kann aber die Edelsteinprüfstelle die von ihr untersuchten Objekte an die Kammer weitergeben. Dann würde der Befundbericht um ein Wertgutachen erweitert.

Die Motive der Auftraggeber sind mannigfach. Sie können von der reinen Wißbegier über schieres Mißtrauen bis zur Notwendigkeit einer Erbauseinandersetzung gehen.«

Auf die Frage, ob auch häufig Nachahmungen, also Synthesen und Imitationen gefragt seien, anwortete Dr. Bank, daß Nachahmungen auch natürliche, also »echte« Steine sein können, z. B. Zirkon, der sich als Diamant imitieren läßt – durch entsprechenden Diamantschliff. Gemeint sei bei der Frage aber, ob sich relativ viele der Untersuchungsobjekte als Synthesen oder Imitationen herausstellten. Diese Beobachtungen würden in der Tat häufig bei Einlieferungen durch Privatpersonen gemacht. Das kostbare Stück ist tatsächlich oft eine Synthese oder Imitation. Der klassische Fall ist der Kauf von angeblich echten Steinen auf Urlaubsreisen zu fernen Gestaden, wo der angeblich echte Stein zu einem Spottpreis erworben wurde.

»In solchen Fällen ist der Befundbericht der Edelsteinprüfstelle fast ausnahmslos eine bittere Enttäuschung. Oft werden wir um Rat bei Erwerb eines Schmuckstückes gefragt. Wir warnen in solchen Fällen immer wieder vor ›fliegenden Händlern‹ und empfehlen, sich vertrauensvoll an den renommierten Fachhandel zu wenden, weil nur dort die erforderliche Sachkenntnis gegeben ist.«

Als renommiertes privates Edelstein-Untersuchungs-Institut – unter anderen – gilt auch das Edelstein-Labor von Frau Verena Pagel-Theisen in Kronberg-Taunus, einer langjährigen Mitarbeiterin der Juweliere Gübelin und Kern. Einige ihrer Veröffentlichungen sind im Literatur-Verzeichnis aufgeführt.

VI

Farbedelsteine

Es gibt in der ganzen Welt kein Luxusgut außer dem Diamanten, das eine solche Fülle von Preis-, Farb- und Qualitätsproblematik aufweist wie die Farbedelsteine. Ihr Markt ist derart kompliziert und spezialisiert, daß man nicht nur edelsteinkundlich, sondern auch markttechnisch Jahrzehnte lang geschult sein muß, um alle Geschäftspraktiken dieser äußerst komplexen und noch immer mit der Aureole des Geheimnisvollen umwitterten Branche zu beherrschen. Es sind mir nicht viele Persönlichkeiten aus der Welt der Edelsteine bekannt, die sowohl die edelsteinkundlichen als auch die kommerziellen Aspekte des Edelsteinmarktes zugleich und allesamt vollständig beherrschen, wobei auch noch die erhebliche Differenzierung zwischen Farbedelstein- und Diamantmarkt berücksichtigt werden muß. Obwohl schon 40 Jahre lang in Idar-Oberstein tätig, glaube ich mir nur die ökonomische Komponente dieses Bereichs vollständig angeeignet zu haben, wenn ich auch schon vor Jahrzehnten eine ganze Serie von Edelsteinkursen bei meinem verehrten Lehrer, Herrn Georg O. Wild, dem Senior der Idar-Obersteiner Edelsteinkundler, und auch einige bei Professor Dr. Schloßmacher in Idar-Oberstein absolviert habe.

Auch die meisten Idar-Obersteiner Edelsteinhändler und -schleifer sind keineswegs so vermessen zu behaupten, außer der Markttechnik würden sie auch den gesamten mineralogischen Edelsteinbereich beherrschen. Die Ausnahme von der Regel bestätigt sich in Professor Dr. Bank, der nicht nur Experte der Wissenschaft, sondern – als Besitzer einer Edelsteinschleiferei – auch der Praxis ist. Die überwiegende Mehrheit der Firmeninhaber ist jedoch Meister im jeweiligen speziellen Fachbereich und erkennt neidlos die Fähigkeiten der Kollegen in deren Fachbereich an, so daß in der gesamten Region ein sonst fast kaum anzutreffendes wohltuendes kollegiales Klima herrscht, das auch die gesamte Mitarbeiterschaft umfaßt. Hier hat sich noch eine gewisse Patriarchalität erhalten, die anderswo längst ausgestorben ist – nicht immer zum Nutzen der Wirtschaft.

Allen zusammen aber liegt die Edelstein-Tradition im Blut, die in Idar-Oberstein bereits seit vielen Jahrhunderten zu Hause ist und sich von Geschlecht zu Geschlecht vererbt hat. Daher auch die Fülle ehrwürdiger Schleifer-Firmen, Jahrhunderte alter Namens-Generationen wie z. B. Wild (über zweihundert Mal vertreten), Dreher, Becker, Veeck, Caesar, Jerusalem, Kaucher, Juchem, Hahn, Leyser, Gordner, Klein, Ruppenthal, Purper, Schmidt, Brusius usw. Viele von ihnen müssen sich zur Identifizierung Zahlen zulegen, wie z. B. Wild XIII oder Becker IV. Allen gemeinsam aber ist das zähe Verbundensein mit der Heimat auf der einen Seite und die Globetrotter-Mentalität auf der anderen Seite, das heißt, weltweiter Verbindung mit den Edelsteinlagerstätten in aller Welt, von denen viele im firmeneigenen Besitz sind. Sie kennen sich in den Geschäftspraktiken der überseeischen Minen-, Schleifer- und Handelspartner aus und verstehen es souverän, sich mit Chinesen, Siamesen, Burmesen, Indern, Singhalesen, Armeniern, Persern, Südamerikanern, Ost- und Südafrikanern oft sogar in deren Sprache zu verständigen. Sie kennen die feinsten Farbabstufungen bei Smaragden, wissen, ob es sich um Saphire aus Burma, Kambodscha, Siam, Ceylon, Kaschmir, Australien oder Montana handelt, wissen um die letzten Feinheiten und Schattierungen bei Steinen und beherrschen Kniffe und Tricks der Eingeborenen. So ist es nicht zu verwundern, daß sie auch für die Mentalität derjenigen, denen sie Steine verkaufen, ein sehr feines Gespür haben.

Die Auswahl der Steine, die sich als Geldanlage eignen, muß notwendigerweise unter sehr subjektiven Gesichtspunkten erfolgen, denn es spielt hier nicht nur der materielle Wert, sondern auch die Schönheit eines Steines und die Persönlichkeit dessen mit, der sich nun gerade von diesem oder jenem Stein angesprochen fühlt. Der Idealfall liegt vor, wenn alles zusammenkommt. Anders als bei Diamanten, die viele Anleger einfach im Safe verschwinden lassen, sollen die meisten Farbsteine, auch wenn sie als Anlage gedacht sind, doch wohl gefaßt und getragen werden. Weil letztere Eigenschaft im Vordergrund stand, wurden Farbsteine zu Anlagezwecken erst relativ spät entdeckt und stehen auch jetzt bei weitem noch nicht so in der Gunst der Geldanleger wie Diamanten. Und doch wage ich zu prophezeien, daß sich dies bald ändern dürfte.

Naturgemäß werden zunächst einmal die Hochedelsteine bevorzugt, zumal sie auch am bekanntesten sind: Saphire (wir wollen in Zukunft Safir schreiben), Rubine, Smaragde.

Safir

Der Safir steht an erster Stelle in der Beliebtheits-Skala. Die Vielzahl der Provenienzen und Qualitäten ergibt bei ihm die Möglichkeit, von relativ niedrigen bis zu sehr hohen Preislagen Ware zu beschaffen. Allerdings werden feine Burma- und feine Ceylonsteine rar — letztere, weil die Ministerpräsidentin Bandaraneike, die übrigens 1974 die Bundesrepublik besuchte, zu weitgehender Verstaatlichung der Schlüsselindustrien neigt. Das treibt die Preise für Ceylonsteine hoch, zumal auch die Japaner während ihres Wirtschaftsbooms bis Anfang 1974 feine Steine zu fast jedem Preis aufkauften. Spitzensteine ab 3 Karat sind deshalb sehr selten und sehr teuer, vor allem solche mit dem berühmten tief samtenen Kornblumenblau. Kaschmir und Kambodscha fielen wegen der politischen Ereignisse für lange Zeit weitgehend aus. Die thailändische Pailin-Mine, die in den letzten Jahren einen erheblichen Teil des Weltbedarfs deckte, ist geschlossen, und auch Burma konnte wegen der durch die Kriegslage bedingten fast vollkommenen Abriegelung nur einen Teil der Anforderungen decken.

Neben Ceylon bleiben im wesentlichen noch neun thailändische Minen lieferfähig, die auch größere Steine hergeben sowie Australien, dessen Safire allerdings wegen ihrer dunklen Farbe zwar relativ preisgünstig, aber weniger begehrt sind. Viele Händler decken sich zunehmend in Hongkong ein, das für den Markt der Safire und Rubine immer mehr an Bedeutung gewinnt. Aus Montana (USA) kommen Safire mit einem stahlblauen Stich, dem Montana-Blau; die Kaschmirsteine, die bis zum reinen Kornblumenblau getönt sein können, zeichnen sich durch die sogenannte »Seide« aus.

Die Preise für Safire feinster Provenienz und Farbe steigen ab 1 bis 1½ Karat progressiv. Zahlen zu nennen besagt wenig, weil es nach Farbe, Gewicht und auch relativer Reinheit tausend Variationen gibt. Die Preispalette reicht von 500,—/ct. bis 60 000,—/ct. und mehr, ab 3 Karat bei feinster Ware werden Fantasiepreise bewilligt, die vor allem für den begehrten Stern-Safir gezahlt werden. Wer diese Spitzensteine im Portefeuille führt, ist gut beraten. Sie sind schön, selten und Raritäten im Kranz der Farbedelsteine.

Der größte Sternsafir der Welt, der »Stern von Indien«, ist im New Yorker Museum of Natural History eine Sehenswürdigkeit ersten Ranges. Für solche Steine werden natürlich ausschließlich Liebhaberpreise bezahlt. Übrigens entsteht der Stern beim Stern-Safir und Stern-Rubin durch Reflex-Erscheinungen, die einen sechsstrahligen Stern bilden. Man nennt das Asterismus.

Außer den blauen Safiren gibt es gelbe, grüne, weiße, rosafarbene und andere, die ebenfalls hoch bezahlt werden. Besonders geschätzt sind die orangefarbenen Exemplare, die man Padparadscha (übersetzt Orangenblüte) nennt.

Wegen der Höhe der Preise muß bei Safiren die Farbprobe besonders sorgfältig erfolgen. Sonnenlicht bewirkt manchmal kräftigere Farbtöne als normales Tageslicht. Künstliches Licht verursacht bei Safiren oft einen etwas tintigen Effekt, der bei künstlichem Nordlicht wieder verschwindet. Safire sind nach Meinung vieler mehr Tages- als Abendsteine, was man in seine Überlegungen einbeziehen sollte. Dennoch sind sie stets die beliebtesten Farbsteine gewesen und dürften es auch bleiben.

Rubin

Der nach dem Safir begehrteste Stein ist der Rubin. Er gehört zu derselben mineralogischen Gruppe wie jener, nämlich zu den Korunden. Deshalb gilt für ihn vieles, was schon zum Safir gesagt wurde. Seine schönste Farbe ist das Taubenblut (pigeons blood), und die feinsten Steine mit dieser bevorzugten Farbtönung kommen aus Burma, etwas heller rote aus Ceylon und die etwas bräunlich-roten aus Siam. Man spricht deshalb in der Praxis von Siam-, Ceylon- und Burma-Steinen. In diesem Land liegen auch die berühmten Rubin-Minen im Hochland von Mogok, die der bekannte Juwelier Dr. Gübelin aus Luzern in seinem herrlichen reichlich bebilderten Buch so anschaulich beschrieben hat. Diese Minen sind auch diejenigen, in denen die taubenblutroten Rubine vorkommen.

Bei feinsten Burma-Rubinen sind Karatpreise von 60 000,– bis 80 000,– DM keine Seltenheit mehr, wenn sie auch auf dem Weltmarkt kaum noch angeboten werden. Da auch die in Tanganjika (Afrika) vorkommenden Rubine immer seltener werden, verzeichneten die Siam-Rubine in guten und feinen Qualitäten bereits von 1969 bis 1970 innerhalb eines Jahres einen Preisanstieg von fast 100%. Die zweite ebenso große Preiswelle setzte 1973/74 ein, und heute sind feinste Burmasteine über 1½ bis 2 Karat schon Raritäten. Für hin und wieder auf den Weltmärkten auftauchende große Rubine in Spitzenqualität werden Karatpreise von 110 000,– DM und mehr geboten. Passionierte Liebhaber weichen deshalb vielfach auf die großen internationalen Versteigerungen der Londoner und New Yorker Auktionshäuser aus, wo solche Steine in Juwelen vorkommen. Aber auch hier sind die gebotenen Preise manchmal schwindelerregend und nur als Liebhaberpreise vertretbar.

Safir und Rubin sind, wie betont, Mitglieder der vornehmen Korundfamilie. Von ihr sagt Dr. Gübelin, sie seien die Blumen im Edelsteinreich. Auch ihrer zum Teil herrlichen Einschlüsse wegen sind manche Korunde begehrt. Sie sind untrügliche Kennzeichen ihrer natürlichen Herkunft (die »Seide« beim Kaschmirsafir, der »jardin« beim Smaragd). Allerdings – je weniger im allgemeinen der Stein davon aufweist, desto höher wird er bewertet. Ein weiterer Vorzug der Korunde ist ihre Härte: 9. Damit kommen sie dem Diamanten am nächsten (10).

Berylle

Eine ähnlich vornehme Steinfamilie wie die Korunde sind die Berylle. Zu ihr gehören vornehmlich Smaragd, Aquamarin, Morganit, Heliodor und Goldberyll. Am kostbarsten von ihnen ist der Smaragd, der Traumstein jeder Frau. Ein – leider – teurer Traum. Die feinsten Smaragde liefert Columbien. Neuere brasilianische Vorkommen sind zwar ergiebiger, aber die Qualität der dort gewonnenen Steine genügt westeuropäischen Anleger-Ansprüchen nur teilweise. Sie werden deshalb hauptsächlich nach Indien geliefert. Die in Indien bearbeitete Smaragd-Ware (Cabochons und Facettenschliff) wird dann auch nach Europa exportiert. Ein brasilianisches Vorkommen allerdings wird von einem Idarer Smaragdschleifer exklusiv ausgebeutet, wie überhaupt praktisch nur zwei Idarer Smaragdschleifer-Firmen den Markt beherrschen, denn das Schleifen von diesen Steinen ist nicht weniger diffizil als die Opal-Schleiferei.

Die Ausbeute aus den rhodesischen Sandawana-Smaragdminen hat sich verringert, dagegen liefert neuerdings Sambia Smaragde, von denen man sich einiges verspricht. Smaragde russischer Provenienz sind immer häufiger anzutreffen, wenngleich die Sowjets in zunehmendem Maße ihre Vorkommen selbst schleifen, zu Schmuck verarbeiten und exportieren. Ausnahmsweise kommen Farbedelsteine in Gestalt von Smaragden auch in Europa vor, und zwar im Habachtal (Österreich). Wegen ihrer zwar mineralogisch interessanten, schmucktechnisch aber minderen Qualität haben sie keine wirtschaftliche Bedeutung.

Die gegenwärtige Weltförderung von Smaragden wird auf jährlich etwa 250 000 Karat im Wert von 1 Milliarde DM geschätzt. Allerdings besagt diese Zahl gar nichts. Ein großer Teil der Produktion wird schwarz verkauft und geschmuggelt. Die columbianische Regierung schätzt allein die Schwarzverkäufe der Minenarbeiter auf 80%. In der Grube einer US-Firma in Columbien rechnet man mit wertmäßig 20% der Ausbeute an Diebstählen. Außerdem liefern sich dort Smaragd-Schmugglerbanden blutige Fehden, die den Minenarbeitern das Leben zur Hölle machen. Deshalb schloß die Regierung kürzlich die Minen, um durch Militär die maffiaähnlichen Banden auszuräuchern. In Zukunft sollen lizenzierte Gesellschafter die Minen ausbeuten, an denen der Staat 51% der Anteile besitzt.

Auch die Preise für Smaragde sind enorm gestiegen. Bereits hochfeine Einkaräter können 20 000,– bis 40 000,– DM kosten, Mehrkaräter bis 70 000,– DM je Karat und mehr. Am höchsten werden alte indische Smaragde bewertet, für die, wenn sie die tiefgrüne Farbe mit dem (allerdings nur für Kenner bemerkbaren) ganz zarten Goldton und die Klarkeit der columbianischen Steine aufweisen, fast 50% mehr bezahlt werden als für die vergleichsweise auch schon sehr teuren und auch qualitätsgleichen Muzo-Provenienzen. (Muzo und Chivor sind die beiden berühmtesten und ertragreichsten columbianischen Minen.)

Mit Smaragden wird viel Schwindel getrieben, vor allem weil es ausgezeichnete Synthesen gibt, die ihrerseits ebenfalls hoch bezahlt werden. Mancher Juwelier in ausländischen Großstädten stellt in gutem Glauben Schmuck mit synthetischen Smaragden aus. In Columbien bieten gewissenlose Händler gutgläubigen Touristen für hohe Beträge feine Smaragdsynthesen an, die sie aus Europa beziehen. Auch echte Smaragde sind dort teurer als in Europa. Kaufen Sie deshalb keine Smaragde in Columbien, keine Rubine auf dem indischen Subkontinent, denn auch dort mischen betrügerische Individuen synthetische Steine unter echte Partien, und synthetische Smaragde und Rubine, besonders solche von 1 bis 2 Karat, sind nicht leicht zu erkennen und können durchaus mit echten verwechselt werden.

Smaragde haben übrigens häufig kleine Risse und winzige Einschlüsse, sie sind bruchgefährdeter als andere Farbsteine und bedürfen deshalb besonderen Schutzes vor Schlag und Sturz. Sie müssen so gefaßt werden, daß sie vor Druck und Stoß geschützt sind. Ein großer Teil der Smaragde wird als Cabochon geschliffen.

Aquamarin

Der Aquamarin ist zwar, obwohl er zur Beryllgruppe gehört, kein Hochedelstein. Aber er wird in feinen Qualitäten hoch bezahlt und kann dann ohne weiteres als Anlagestein gelten. Dieser Lieblingsstein vieler Frauen ist desto wertvoller, je dunkler er ist. Sattes Meer-Blau wäre die zutreffende Bezeichnung, ohne Einschlüsse – solche Steine, besonders wenn sie höhere Karatgewichte erreichen, sind märchenhaft schön und sehr dekorativ; man trägt sie als Ring, Anhänger oder Brosche.

Das Heimatland der Aquamarine ist Brasilien, wo besonders begehrt Marambaia-, Fortaleza- und Santa-Maria-Provenienzen sind. Auch aus dem edelsteinreichen Madagaskar kommt ausgezeichnete Ware. Die Preise für Aquamarine sind um das Vielfache niedriger als für die übrigen Berylle, auch was die hochfeinen dunklen Varietäten anlangt. Immerhin muß man für Anlagesteine ab 20 Karat zwischen 1500,– und 5000,– DM je Karat zahlen, in Ausnahmefällen auch mehr.

Vor privaten Ankäufen in Brasilien muß gewarnt werden, weniger wegen der Gefahr, synthetische Steine aufgeschwätzt zu erhalten, die synthetische aquamarinfarbige Spinelle sind, als wegen der geforderten Preise. Der Aquamarin ist der Lieblings- und Nationalstein der Brasilianer; sie bezahlen ihn in ihrem Heimatland höher als er in Deutschland kostet. Sicher kann man dort auch schöne Stücke erwerben – besonders wenn man sie in Geschäften kauft, denen eine eigene Schleiferei angegliedert ist, wie zum Beispiel bei der Firma Schupp in Rio de Janeiro. Herr Schupp ist gebürtiger Idarer und hat sich zu den bedeutendsten Kaufleuten seines Landes emporgearbeitet. Er steht noch in engster Verbindung zu seiner alten Heimat und weilt häufig hier, wie es auch keinen Idarer gibt, der ihn in Rio nicht besucht. Er spielt dort auch gesellschaftlich eine Rolle.

Chrysoberylle

Chrysoberylle haben trotz des ähnlichen Namens mit den Beryllen mineralogisch nichts zu tun; gemeinsam ist ihnen nur der Preis, besonders wenn es sich um die Varietäten Katzenauge und Alexandrit handelt. Beide gehören in ihren Spitzenqualitäten zu den teuersten Steinen des Erdballs.

Das Chrysoberyll-Katzenauge hat eine durchscheinende honiggelbe bis gelbbraune Grundfarbe, über die sich bei Cabochon-Schliff ein milchig-silbergraues Band zieht, das dem Stein die Wirkung eines Katzenauges verleiht. Große Exemplare, 20 bis 30 Karat und mehr, werden als Raritäten hochbezahlt; 2000,– bis 4000,– DM je Karat dürften das Minimum darstellen.

Auch für den Alexandrit werden märchenhafte Preise angelegt, wenn es sich um größere dunkelgrüne Exemplare handelt, die deutlich changieren, bei Kunstlicht rot bis amethystfarbig, bei Tageslicht grün. Weil sie die Farben Rot und Grün tragen und dies die kaiserlich-russischen Nationalfarben waren, weil ferner der erste Stein angeblich am Geburtstag des Zaren Alexander II. im Ural entdeckt worden war, gab ihm die kaiserliche Hofgesellschaft den Namen Alexandrit. Im Ural bei Swerdlowsk kommen besonders hochbewertete Steine vor, bei denen der Farbwechsel Smaragdgrün-Purpurrot besonders lebhaft ist. Die schönsten Exemplare von Alexandrit werden jetzt in Ceylon gefunden, der übrigens teilweise auch mit dem Katzenaugen-Effekt vorkommt.

Preise für diese herrlichen Steine zu nennen ist unrealistisch. Es handelt sich fast ausschließlich um Liebhaberbewertung, die allerdings in die Hunderttausende für Spitzenqualitäten geht. Übrigens wird der Alexandrit häufig gefälscht – näheres hierüber in dem Kapitel Fälschungen.

Opal

Während sämtliche bisher genannten Farbsteine und Diamanten Kristallstruktur aufweisen, besteht der Opal aus einer amorphen Masse. Es handelt sich um ein Kieselsäure-Gel, das unter seltenen optimalen Bedingungen zum Opal wuchs. Physikalischen Ursprungs ist die irisierende Farbigkeit, eben das Opalisieren. Die Heimat des Opals ist Australien, wo er manchmal unter unmenschlichen Strapazen tief im Innern des Landes geschürft wird. Feine Exemplare der Variante Schwarzer Opal werden immer seltener und sind deshalb ziemlich teuer. Deshalb, aber vor allem auch wegen ihrer eigenartigen und geheimnisvollen Farbenpracht gehören sie heute zu den Anlagesteinen. Dies betrifft aber nur die schwarzen oder Edel-Opale; die helleren Varianten und der grellrote mexikanische Feueropal sind preiswerter und häufiger.

Großflammige, fehlerlose, vorwiegend blaues, rotes oder grünes Farbenspiel aufweisende mehrkarätige Steine kosten zwischen 500,– bis 5 000,– DM je Karat; Spitzenexemplare werden mit Liebhaberpreisen bezahlt. Man hüte sich auch bei diesen teuren Steinen vor Betrug und beachte das Kapitel Fälschungen.

Opalschleifer gibt es fast ausschließlich nur in Idar-Oberstein und auch hier nur in einigen meist gleichnamigen Familien, die zum Teil in der Schleifergemeinde Kirschweiler residieren. Es handelt sich um ein Spezialgewerbe, das spezifische Begabung und Kenntnisse erfordert. Der Besuch in einer dieser Firmen ist hochinteressant und lohnend.

Raritäten

In der gesamten Welt der Edelsteine kommen Exemplare mit Anlage-Charakter vor. Man muß sie aber aufspüren, denn sie sind selten. Händler und Juweliere können sich über diesen Markt regelmäßig in der Edelsteinbörse Idar-Oberstein orientieren, wo monatlich an mehreren Tagen Sonderauflagen im großen Börsensaal stattfinden, in denen ausschließlich Edelstein-Raritäten gezeigt werden. Wer daran Interesse hat, kann sich durch ein Börsenmitglied gegen eine Sondergebühr einführen lassen und gewünschte Stücke über seinen Juwelier beschaffen. Aus der gesamten Palette schleifwürdiger Mineralien, die Edelsteincharakter haben, wollen wir solche herausgreifen, die nicht nur Schmuckwert haben, sondern die mit Sicherheit eine Wertreserve für die Zukunft darstellen und deren Ankauf man aus diesem Grunde empfehlen kann. Es sind dies keine verderblichen Güter und keine, die veralten oder aus der Mode kommen. In Idar-Oberstein gibt es viele Bürger, die mit einem in guten Zeiten eingekauften Säckchen Edelsteine nach dem Kriege sich sofort wieder eine Existenz aufbauen konnten. Wenn man dies auf die Zukunft transponiert, könnte man rechtzeitig seine Folgerungen ziehen.

Ich beginne mit Steinen, die keine Hochedelsteine sind, die aber Anlage-Charakter aufweisen.

Edeltopase, die mit dem fälschlicherweise Topas genannten Citrin nichts zu tun haben, kommen in vielen Farbvariationen vor und werden in rosa, blauer und gelber Varietät am höchsten bezahlt. Trotzdem liegen sie mit großem Abstand unter den Preisen für Hochedelsteine. Man kann ihren Ankauf empfehlen.

Kaufwürdig auf Anlagebasis sind ferner *rosa Turmaline,* Rubellit genannt, *Granate* in den Varietäten *Grossular grün, Spessartin* zart orangefarben und der smaragdgrüne *Demantoid,* die wertvollste Varietät des Granaten.

Empfehlen kann man ferner die feinen Exemplare des *Peridot,* einer edlen Ausbildung des Minerals Olivin, ferner den hochfeinen *Ceylon-Mondstein,* erstklassige feinstfarbene *Lapis-Lazuli*-Steine, die Spodumen-Varietät *Kunzit* (feines Rosa) sowie rosa *Spinelle,* die in den Rubin-Minen von Mogok zusammen mit dem Rubin gefunden werden. Man spricht in diesem Fall auch von Edel-Spinellen.

Tansanit

Eine Sonderstellung nimmt der Tansanit ein, eine Neu-Entdeckung des 20. Jahrhunderts.

Dieser wunderbare Stein wurde in Deutschland erstmals auf dem Deutschen Edelsteintag 1970 einer breiteren Öffentlichkeit mit folgenden Erläuterungen vorgestellt: »Die Natur hat der Menschheit einen neuen Edelstein geschenkt. Man gab ihm den Namen Tansanit nach seinem Fundland Tansania. Hier wurde er nahe dem Fuß des Kilimandscharo erstmalig entdeckt, nur hier wird er gefunden. Er ist der schönste blaue Edelstein, der seit über 2000 Jahren entdeckt wurde. Der Tansanit zeichnet sich durch seine außergewöhnlich kräftige blaue Farbe aus. An Farbe und Brillanz kommt er oftmals seinem königlichen Bruder, dem Safir, gleich. Er besitzt die Härte nahe dem Turmalin und verfügt über eine ausgesprochen gute Zähigkeit. Farbe, Schönheit und Preiswürdigkeit haben ihn rasch zu einem Publikumsliebling werden lassen. Der Tansanit gehört zur Gruppe der Zoisite.«

Die safirblaue Farbe des seltenen Steins changiert bei manchen Exemplaren nach purpur oder violett. Er kommt auch in anderen Farbvarietäten als blau vor und hat die Härte 6.5. Eine sonst ungewöhnliche Besonderheit des blauen Tansanit ist seine Reinheit, er hat also keine Einschlüsse. Das bisher größte Exemplar des Tansanit ist im Smithonian Institute in Washington zu sehen. Es wiegt 123 Karat.

Die Preise sind, besonders im Verhältnis zum Safir, zur Zeit noch relativ günstig, steigen aber ununterbrochen, weil zu befürchten ist, daß die einzig existierende Mine bald erschöpft sein wird. Man kann die für Anlagezwecke geeigneten größeren Exemplare des herrlichen Steins ab etwa 20 Karat für 1000,– bis 2500,– DM je Karat erwerben. Besonders feine Tansanite liegen allerdings höher.

Aus der Fülle der übrigen Schmucksteine seien genannt: *Chrysopras*, der in sehr schöner apfelgrüner Farbe jetzt aus Australien und Ostafrika kommt, ferner feine *Turmaline*, deren rote Varietät Rubellit schon genannt wurde, *Zirkon* in vielen Farbvarietäten, der rosa oder rote, grüne oder blaue *Fluorit*, der herrliche tiefdunkelviolette *Amethyst*, der Madeira- oder Palmeira-*Citrin* und schließlich der *Jade* (worunter Jadeit und Nephrit zusammengefaßt werden).

Jade

Obwohl der Jadeit in vielen Farbvarietäten vorkommt, ist die grüne die begehrteste. Wenn sich auch die Jadepreise seit 1972 mehr als verdoppelt haben, dürften sie – wie übrigens viele der genannten Steine – als noch völlig unterbewertet gelten. In dieser Erkenntnis deckten sich amerikanische und japanische Jadehändler im Jahre 1974 mit Jadematerial vor allem in Hongkong ein. Etwa 20 bis 30% der weltweiten Nachfrage geht über London und seine früheren Kronkolonien. Auf der letzten Handelsmesse in Kanton erhöhten die chinesischen Jadeanbieter entsprechend den neuen Realitäten die Verkaufspreise auf das doppelte und dreifache. Auf jeden Fall ist trotz dieser Preiserhöhungen Jade ein ausgesprochener Wachstumswert und man sollte ihn bei Anlagedispositionen nicht übergehen. Über die aus Jade angefertigten kunstgewerblichen Gegenstände siehe später.

Zu Schmuck, aber vorwiegend ebenfalls zu kunstgewerblichen Artikeln, Steinplastiken und Gravuren werden verwandt die Schmucksteine *Türkis*, *Rosaquarz*, *Malachit*, *Rhodochrosit*, *Rhodonit*, *Sodalit*,

Nephrit, *Achat* mit Onyx, *Carneol* und *Chalzedon*, *Aventurin* und *Bergkristall*. Hierüber lese man unter dem Kapitel »Gemmen« nach.

Tsavorit

Ein – wie der Tansanit – ganz neu entdeckter Edelstein ist der Tsavorit, ein smaragdähnlicher Farbstein mit ähnlich schöner Farbe, jedoch der Granatgruppe zugehörend. Der Tsavorit ist ein grüner Grossular, der seine Färbung dem Chrom und dem Vanadium verdankt. Er hat eine Lichtbrechung von 1.75, die Härte ist 7.5, das spez. Gewicht 3.60. Ungewöhnlich ist die hervorragende Brillanz und die relative Seltenheit, da er nur in einem bisher geheim gehaltenen Vorkommen gefunden wird. Bisher ist er nur in sehr kleinen Exemplaren am Markt, die wenig über ein Karat hinausgehen. Steine in dieser Größe kosten (1975) etwa 1400,– DM je Karat; der Preis dürfte aber sehr bald erheblich steigen. Die Bezeichnung ist zunächst nur ein Handelsname, ob es bei ihm bleibt, hängt von der Einstufung durch die nächste RAL-Konferenz ab. Sie wurde dem Stein nach seinem Fundort verliehen, der in der Nähe des Kilimandscharo liegt. Manche möchten dem Stein die Bezeichnung Tsawolith geben. Prof. Dr. Bank wird Näheres über den Stein in der Zeitschrift der Deutschen Gemmologischen Gesellschaft veröffentlichen. Man sagt ihm – wie dem Tansanit – eine große Zukunft voraus.

VII

Synthesen, Imitationen und Fälschungen

Das Londoner Edelstein-Laboratorium in Hatton Garden erhielt einen leuchtend grünen Stein zur Echtheitsbestimmung, den ein Privatmann in Amerika für sehr viel Geld als Demantoid erworben hatte. Ein Demantoid ist, wie wir bereits wissen, ein leuchtend grüner, natürlicher Granat, der je nach Größe 1000,– bis 5000,– DM je Karat kosten kann. Die Untersuchung ergab, daß es sich um einen mit Chrom gefärbten Yag-Stein im Wert von etwa 50,– DM handelte. Ein Yag-Stein ist ein künstliches Produkt, ein Yttrium-Aluminium-Aluminat.

In der Edelsteinausstellung zu Idar-Oberstein, der weltbekannten Gewerbehalle, ließ im Jahre 1938 eine Dame einen 14-karätigen tiefblauen Aquamarin prüfen, den sie im Ausland für 600,– DM erworben hatte. Tatsächlich handelte es sich, wie sogleich durch Einschaltung der normalen Beleuchtung festgestellt werden konnte, um einen aquamarinfarbenen synthetischen Spinell im Werte von 6,– DM.

Juwelier Schilling räumt ein, selbst ihm als Fachmann sei es passiert, daß man in Indien versuchte, unter seine dort eingekauften Rubin-Partien synthetische Steine zu mogeln. Touristen dürfen dort – natürlich gegen entsprechenden Geldeinsatz – »Kostbarkeiten« aus dem Boden schürfen, die sich als synthetische Safire entpuppen. Indische Betrüger kaufen in Europa riesige Mengen synthetischer Korunde, also Rubine und Safire auf, um – in kleine Stücke zerschlagen – damit den geweihten Boden zu »salzen«. Sie hatten offenbar von den Goldsuchern im weiland Wilden Westen gelernt. Die Claim-Verpächter schossen mit Schrotflinten Goldkörner in die Erde, die sie den Greenhorns dann zu hohen Preisen aufschwatzen konnten.

Vor einem Düsseldorfer Juweliergeschäft traf ich einen Bekannten, der gerade dabei war, für seine Frau einen im Schaufenster ausgestellten Opalring zu kaufen. Der glattflächige ovale schwarze Opal maß etwa 22 mal 10 Millimeter und war in schmalem Goldrahmen gefaßt. Das Preisschild lautete auf 2200,– DM, und mein Bekannter hielt den Ring für eine Okkasion, denn der Opal mit großflammigem vorwiegend rotem Farbton war in der Tat prächtig anzuschauen. Ich riet jedoch, sich zunächst davon zu überzeugen, ob es sich nicht etwa um eine Dublette handele. Für mich stand fest, daß dem so war, denn sonst wäre der Ring vier- bis fünfmal so teuer gewesen. Später bestätigte mein Bekannter, es habe sich in der Tat um eine Dublette gehandelt – eine sehr dünne Opal-Auflage mit Onyx.

Im Jahre 1963 verkaufte ein Betrüger-Konsortium einem Juwelier Brillantringe, die sich später als Fabulite erwiesen. Zum Glück wurden die Leute gefaßt und verurteilt.

Dies alles sind Beispiele dafür, daß man gerade beim Kauf von Schmuck und Edelsteinen nicht vorsichtig genug sein kann, wenn man nicht hohe Verluste riskieren will. Man muß unterscheiden zwischen

1. synthetischen Steinen, bei denen bezüglich der chemischen Zusammensetzung kein Unterschied zu den natürlichen Steinen besteht; sogar die Farbe kann täuschend ähnlich sein;
2. künstlichen Produkten wie z. B. künstlichen (nicht synthetischen) Diamanten wie Fabulit, der ein Strontium-Titanat ist oder wie ein Yag-Stein, einem Yttrium-Aluminium-Aluminat oder einem künstlichen Türkis aus keramischer Masse wie Porzellan oder Steinzeug;
3. Imitationen, wobei es sich um Dubletten oder Tripletten oder um Gläser handeln kann.

Synthetische Steine

Am kostspieligsten kann man getäuscht werden bei den sogenannten Smaragd-Synthesen. Ihre Fabrikanten heißen Lechleitner, Zerfaß, Gilson, Chatam, Hautefeuille, Perry oder Swarowski-Haupt. Sie bringen Fabrikate wie den Chatam-created, den Symerald, den Igmerald, Smaryll und andere Fantasiebezeichnungen auf den Markt. Sie erscheinen teilweise als so vollendet, daß selbst mancher Fachmann staunt. Dabei sind sie nicht billig; die feinsten von ihnen kosten bis zu einem Fünftel des Preises für mittelfeine echte Steine. Die Reklame für diese Nachahmungen der Natur ist manchmal sehr gekonnt. So warb z. B. Gilson in einem Inserat für sein Produkt:

»Ehemals, in grauen Vorzeiten, blühte nur die einfache Wildrose, bis es dem Menschen in vielen langen Etappen gelang, Hunderte von

Varianten als Rosen zu züchten und er durch seine fortgesetzten Bemühungen dabei eine Perfektion erreichte, die der Natur zu vollbringen nie möglich war und gewesen wäre ...« Eine Parallele dazu, so behauptet Gilson, sei seine Smaragd-Synthese. Weil er sich der Rolle des Wohltäters der Menschheit bewußt ist, meint er, sein »Smaragd sei praktisch ununterscheidbar vom natürlichen Smaragd, aber viel billiger und sehr viel schöner als der echte«.

Dubletten und Tripletten

Eine gewisse Rolle im Geschäft mit Farbsteinschmuck spielen die Farbstein-Dubletten oder -Tripletten. Auch in den Schaufenstern werden manchmal Smaragd-Dubletten neben echtem Smaragdschmuck ausgestellt, ohne das Publikum durch entsprechende Kennzeichnung der einzelnen Stücke davon zu unterrichten, daß hier zwei ganz verschiedene Arten von Pretiosen gezeigt werden. Hin und wieder, so erklärt der Bundesverband, zeichnet man sogar die Dubletten allein mit Preisen aus und erweckt so den Eindruck außergewöhnlicher Preiswürdigkeit des ganzen im Schaufenster gezeigten Smaragdschmucks. Dafür wurde ja bereits ein Beispiel angeführt. Diese Art von Werbung, so meint der Bundesverband, könnte gefährlich und zum Bumerang werden. Man sollte die Dublette nicht zum Lockvogel machen, der dem Kaufinteressenten für Smaragdschmuck ein falsches Bild über die Preise solcher Juwelen vorgaukelt.

Inzwischen beabsichtigt eine internationale Nomenklatur-Kommission, die bisherigen Vorschriften über die Bezeichnung von Dubletten und Tripletten noch zu verschärfen.

Nach RAL 560 A5 »Begriffe und Bezeichnungen für Edelsteine, Schmucksteine, Perlen, Korallen sowie Synthesen, Dubletten, Imitationen und Phantasieerzeugnisse« sind »Dubletten aus zwei oder mehreren Teilen zu einer Einheit durch Kleben, Schmelzen oder Sintern zusammengesetzte Steine«. Künftig sollen alle Steine, die aus mehr als zwei Teilen zusammengesetzt sind, als »Tripletten« bezeichnet werden. Außerdem hat die Kommission nochmals ausdrücklich festgestellt, was bereits nach RAL 506 A5 gilt, daß das Wort »echt« nicht in Verbindung mit den Bezeichnungen »Dublette« und »Triplette« gebraucht werden darf. Es darf also ein Ring mit einer Opal-Dublette nicht als »echter« Opalschmuck bezeichnet werden. Wenn das Wort echt in diesem Zusammenhang verwendet werden soll, könnte höchstens »echte Opal-Auflage« verzeichnet werden.

Unter »echt« versteht man nämlich im Schmuckgewerbe etwas »besonders Wertvolles«. Eine aus Steinen minderer Qualität zusammengeklebte und durch eine dazwischen liegende Farbschicht künstlich hochgetrimmte Dublette kann, wie schon die Preisdifferenz zeigt, unmöglich als etwas »besonders Wertvolles« bezeichnet werden.

Wer eine Smaragd-Dublette als »echte Smaragd-Dublette« oder als Dublette aus echten Smaragden anbietet oder verkauft, verschafft sich vielleicht einen Augenblickserfolg. Auf lange Sicht handelt er aber trotzdem zu seinem Nachteil, wie der Bundesverband – siehe oben – feststellte. Er liftet nämlich das echte Smaragdjuwel auf die gleiche Stufe wie eine Dublette minderen Wertes und drängt damit den Interessenten für echten Smaragdschmuck geradezu die Frage auf, ob denn der wesentlich höhere Preis für solchen Schmuck wirklich gerechtfertigt ist. Deshalb schreibt ja eben die genannte RAL-Vorschrift das Verbot des Wortes echt in Verbindung mit Dubletten oder Tripletten vor.

Es gibt natürlich auch Dubletten aus echten Safiren, bei denen zwei Safire – ein guter und ein weniger guter – aufeinandergeklebt sind, es gibt Imitationen in Form von Dubletten für Rubin-Almandin-Glas-Dubletten, Rubin-Glas-Dubletten, Spinell-Glas-Dubletten, für Smaragd die Beryll-Beryll-Beryll-Triplette usw. Aber das Kapitel ist zu umfangreich, als daß es hier auch nur in großen Zügen behandelt werden könnte. Solche Falsifikate kommen ohnehin als Anlage nicht in Frage, und der Interessent sollte somit auch nur auf die Tatsache der vielen Täuschungsmöglichkeiten hingewiesen werden. Es möge die Feststellung genügen, daß sich eine internationale Kommission von Fachleuten laufend mit dieser Frage befaßt, um sie einer völligen Klärung zuzuführen und die Öffentlichkeit damit vor Täuschungen zu schützen. Ihr gehören unter Vorsitz von Dr. Gübelin, Luzern u. a. die Herren Paul Ruppenthal, Idar-Oberstein und Dr. Lenzen ebenda an.

Im ganzen nimmt das Kapitel der Dubletten und Tripletten gegenüber dem Komplex der synthetischen Steine und der Fälschungen nur einen relativ kleinen Raum ein. Das meiste Geld wird immer noch durch den Erwerb von synthetischen Steinen anstelle echter Steine verloren. Das Gefährliche dabei ist, daß dem Verkäufer beispielsweise bei Smaragdsynthesen noch nicht einmal der gute Glaube abgesprochen werden kann, wie ein in den USA vorgekommener Fall beweist. Es handelte sich um einen synthetischen Smaragd, der von einem echten nur durch sehr eingehende nachträgliche Untersuchungen unterschieden und als unecht identifiziert werden konnte. Der selbst getäuschte Juwelier zahlte daraufhin anstandslos das Geld zurück.

Als seltener und besonders beliebter, aber teurer Stein ist der Alexandrit hervorragendes Nachahmungsobjekt. Der nach dem Verneuilverfahren hergestellte synthetische Stein mit weinrotem Changieren muß mineralogisch richtiger als synthetischer alexandrit*artiger* Korund bezeichnet werden. Er wurde, wie Dr. Bank in der Zeitschrift der Deutschen Gemmologischen Gesellschaft 23/1974 berichtet, an Tausende von Touristen in den orientalischen Bazars als »echter Alexandrit« verkauft. Ich selbst konnte in Ägypten 1974 einen solchen Stein an der Hand seiner Trägerin »bewundern«. Sie hatte für den Ring mit offenbar echter Goldfassung (genau weiß man das ja im Orient nie, weil keine Punzierung vorhanden ist) 300,– DM bezahlt. Der Stein changierte tagsüber ausgesprochen amethystfarbig. Es gibt tatsächlich Zeitgenossen, die sich in Alexandria angeblich echte »Alexandrite« aufschwatzen lassen.

Nach dem Verneuilverfahren werden auch synthetische Alexandrite mit dem Changiereffekt von dunkelgrün nach braunrot erzeugt, die laut Bank als synthetische alexandritartige Spinelle bezeichnet werden müssen. Bank hat sich übrigens um die Aufklärung des kaufenden Publikums über Imitationen, Fälschungen und Synthesen große Verdienste erworben; seine wissenschaftlichen Veröffentlichungen auf diesem wie auf anderen Gebieten der Gemmologie sind fast nicht mehr zu übersehen (vgl. Literaturverzeichnis).

Fälschungen

Die künstliche Herstellung eines anderen besonders hochbewerteten Steins, des Schwarzen Opals, scheint auch gelungen zu sein. Ein Opalschleifer aus Kirschweiler bei Idar-Oberstein zeigte mir einen schwarzen Opal, von dem er sagte, er habe ihn zunächst für echt gehalten. Die Opale werden derart phantastisch nachgeahmt, daß er aus dem Staunen nicht herausgekommen sei. Wenn die Unmöglichkeit, solche Steine ohne technische Hilfsmittel, wie z. B. durch das Elektronenmikroskop zu identifizieren, selbst einem so erfahrenen Fachmann widerfährt, so dürfte die Gefahr des Betrugs hier besonders akut sein. Die mir gezeigten Exemplare, größere rot- und grünflammige Steine, würden im Falle der Echtheit mit 4000,– DM je Karat zu bezahlen sein. Der Hersteller hätte ihm gesagt, er könne ohne weiteres jeden gewünschten Opal nachahmen.

Auf die hervorragenden Nachahmungen, also Fälschungen, von Türkisen und einigen anderen Schmucksteinen kann ich an dieser Stelle nicht weiter eingehen, weil es sich dabei nicht um Anlagesteine handelt. In meinem Buch »Wie kauft man Diamanten ...« kann darüber nachgelesen werden.

Synthesen und Nachahmungen von Diamanten

Eine Sensation war es, als die Horten-Warenhäuser in Düsseldorf und Hamburg in ihren Juwelen-Abteilungen synthetische Diamanten anboten. Im redaktionellen Teil des Handelsblatts vom 16. März 1972 hieß es dazu:

»Der Yag wurde von amerikanischen Wissenschaftlern mit der Lasertechnik entwickelt. Die Bezeichnung Yag ist aus der chemischen Verbindung von Yttrium, Aluminium und Garnet abgeleitet. Eine der wichtigsten Eigenschaften eines Edelsteins ist seine Härte nach der Mohs-Skala: Der Yag hat eine Härte von 8.5 und rückt damit in die Nähe des Diamanten. Yag-Steine sind reinweiß und bis in die Tiefe fehlerfrei, die Brillanz ist mit jener der feinsten blauweißen Diamanten vergleichbar, sie werden in der gleichen Art geschliffen wie Diamanten. Die Preise allerdings differieren erheblich: Ein lupenreiner einkarätiger Brillant kostet etwa 8000,– DM (1972! Der Verf.), ein einkarätiger Yag hingegen wird bei Horten für 250,– DM angeboten.«

Zu dieser Nachricht ist zu bemerken, daß auch im Jahr 1972 ein Einkaräter River-Brillant, wie aus unserer Tabelle ersichtlich, bereits bedeutend höher lag als 8000,– DM. Vermutlich handelte es sich um entweder einen Stein von nichtweißer Farbe oder es lag an der Schliffqualität. Auch die Bezeichnung »synthetischer Brillant« war irreführend. Es handelte sich nicht um eine Synthese, sondern um ein Kunstprodukt genau wie bei dem Fabulit.

Es gibt allerdings bereits wirkliche synthetische Diamanten. Einige führende Weltkonzerne, wie die General Electric Co, die Allgemeine Schwedische Elektrizitäts-Gesellschaft und neuerdings eine sowjetische Monopolgesellschaft haben tatsächlich das Problem der Herstellung synthetischer Diamanten gelöst. Die Synthese stimmt mit dem Naturstein in der chemischen Zusammensetzung, inneren Kristallstruktur, Härte und spezifischem Gewicht überein, nicht dagegen hinsichtlich der inneren und äußeren Merkmale des Kristallwachstums und im Einschlußbild. Die zur Zeit modernsten Anlagen besitzen zwei der Anglo-American Corporation angehörende Unternehmen in Irland und Südafrika sowie ein sowjetischer Staatsbetrieb. Professor Dr. Bekul, der Leiter des sowjetischen Instituts für überharte Werkstoffe behauptet, Rußland könne synthetische Diamanten mit vorgegebenen Eigenschaften in Härte und Form, je nach beabsichtigter Verwendung erzeugen und synthetische Industriediamanten bis zu 2 Karat Gewicht wären demnächst keine Seltenheit mehr. Er konnte in der Tat solche Steine mit einem Durchmesser von 3,2 Millimeter vorzeigen. Die Steine würden jetzt schon in Rußland für die Bearbeitung von Naturdiamanten und Edelsteinen benutzt. Ihre Verwendung für Schmuckzwecke sei nur eine Frage der Zeit.

Deutsche Experten bestreiten das nicht, meinen jedoch, daß auf viele Jahre hinaus die Herstellung synthetischer Diamanten für Schmuckzwecke so teuer sein werde, daß die Preise für echte weit übertroffen würden. Zudem seien diese synthetischen Steine so klein, daß sie im günstigsten Fall ein Zehntel Karat nicht übersteigen würden. Der Vizepräsident von General Electric, Dr. Bueche, erklärte sogar: »Wir wissen noch nicht, ob es jemals gelingen wird, synthetische Diamanten mit den natürlichen konkurrenzfähig zu machen.«

Es gibt noch eine Möglichkeit, beim Kauf von Diamanten hereinzufallen, die zwar echt sind, aber in unredlicher Absicht manipuliert wurden. Wenn Edelsteine Neutronenstrahlen ausgesetzt werden, verändern sie ihre Eigenschaften. Je nach Strahlungsintensität nehmen z. B. Bergkristalle die Farbe des Rauchquarz oder Citrin an und lassen sich somit besser verkaufen. Die Technik stammt aus Japan. Der Leser wird sich noch des erst drei Jahre zurückliegenden weltweiten Streites um den Deepdene-Diamanten erinnern, den ein deutscher Juwelier für 3,5 Millionen DM gekauft hatte. Als Wissenschaftler behaupteten, der Stein sei bestrahlt worden, sank sein Wert augenblicklich auf eine halbe Million, bis zwei andere Professoren nach weiteren Untersuchungen bewiesen, daß dem nicht so sei, sondern daß es sich bei dem Deepdene um natürliche Farben handele. Daraufhin schnellte der Preis wieder auf seine alte Höhe.

Wir sehen, daß es viele Möglichkeiten gibt, gutes Geld für falsche Edelsteine auszugeben. Wenn in der Propaganda für falsche Edelsteine diese Tatsache nicht verschwiegen wird, ist ja alles in Ordnung. Es gibt nun einmal Leute, die aus irgendwelchen Repräsentationsverpflichtungen heraus Schmuck benötigen, der – ohne echt zu sein – trotzdem so wirkt. Sie können auch nicht immer wieder denselben Schmuck tragen, sondern müssen wechseln. Auch für solche Leute sorgt die Schmuckbranche. Da lesen wir in einem Inserat in der seriösen Presse: »Goldschmuck, 18-karätig, repräsentativ – nach Entwürfen anerkannter Schmuckdesigner – mit synthetischen und imitierten Steinen von zauberhafter Faszination. Zum Beispiel Damen-Solitärring, 750 Weißgold, mit 1 Karat symant – unserer Diamant-Imitation – zu DM 411,– oder auch mit synthetischen Safiren und Rubinen oder Imitationen in smaragdgrün, aquamarinblau und tansanitblau. Tausende tragen ihn – unerkennbar für Sie. Ansichtssendungen mit absoluter Rückgabegarantie. Fordern Sie unseren interessanten Farbkatalog mit über 2000 Wahlmöglichkeiten.« Wenn das nicht zieht! Oder graben Sie an den Pyramiden von Gizeh gegen eine entsprechende Gebühr altägyptische Skarabäen aus. Fundgarantie! Skarabäen, Mistkäfer, waren als Inkarnation des Gottes Ré heilig und wurden als gravierte Edelsteine am Finger getragen, waren also sehr kostbar. Diese von vielen Ägyptern offenbar durch Zufall verlorenen Steine sollen Sie nun ausgraben und als kostbares Andenken mit nach Hause nehmen. Erst kürzlich lieferte eine Idar-Obersteiner Firma nicht weniger als 20 000 solche Skarabäen an die Pyramiden, wo sie verscharrt oder verkauft werden. Die 5000 Jahre, die sie alt sein sollen, muß man eben glauben. Diese Idarer Steine sind aber wenigstens echt; die meisten anderen dort verhökerten fast alle gefälscht.

Auch Norma Levy, das Luxus-Callgirl aus der Londoner Lambton-Affäre, die zwei englische Minister ihr Portefeuille kostete, hatte kürzlich einen herben Verlust zu tragen. Sie kaufte einen Brillantring für 20 000,– DM, der nach Prüfung nur ein Zehntel davon wert war. Es war ein wasserheller Zirkon im Brillantschliff. Der Zirkon besitzt zwar nach dem Diamanten die größte Lichtbrechung, er ist auch ein echter Edelstein, aber eben noch lange kein Diamant.

Lassen Sie deshalb Ihre Alarmglocke schrillen, wenn Sie Bezeichnungen wie »Ia Qualität«, »Spitzenqualität« oder sogar »bestes Blauweiß-River« hören, wie man kürzlich tatsächlich lesen konnte. Wer so wirbt, macht sich von vornherein verdächtig. Jeder seriöse Diamantverkäufer verabscheut solche plumpen Werbetricks und -gags. Zum Schluß dieses Kapitels vielleicht noch ein tröstliches Wort, das ich in dem Werk »Aus der Welt der Edelsteine« von Professor Dr. Bank fand, der ja selbst Edelsteinschleifer und -händler ist: »Im Hinblick auf die chemische Zusammensetzung besteht kein Unterschied zwischen synthetischen und natürlichen Steinen, und auch die Farben können die gleichen sein oder fast die gleichen.

Dennoch: sie sind eben Kopien, keine Originale; der Mensch kann sie in beliebiger Menge herstellen, in beliebiger Farbe, meist ohne großen Kostenaufwand. Das Geheimnisvolle, das mit der natürlichen Entstehung der Edelsteine verbunden ist, übt immer noch einen größeren Zauber aus als das Wissen um den Verneuilofen und die künstliche Entstehung. Aber auch das gehört zur Welt der Edelsteine. Es bleibt jedem selbst überlassen, wie er seine Welt der Edelsteine gestaltet, ob er sich mit einer Kopie begnügen will oder ob er ein Original schätzt.«

VIII

Perlen

Perlen sind keine Edelsteine. Aber sie sind unentbehrliche Accessoires guten Schmucks und können deshalb in diesem Büchlein nicht übergangen werden, zumal sie in gewissem Sinne auch Anlagestatus aufweisen.

Die Perlen sind das einzige Juwel, das durch biologische Prozesse im Wasser geformt und, anders als beim Edelstein, ohne jede Veränderung so zu Schmuck verarbeitet werden kann, wie sie uns die Natur schenkt.

Schmuck ist mehr oder weniger der Mode unterworfen. Perlen sind zeitlos in der Form und stets modesicher. Nur die Länge von Perlencolliers ist modischen Schwankungen unterworfen.

Einen Nachteil allerdings haben Perlen gegenüber Edelsteinen und Diamanten: Ein Wiederverkauf ist praktisch unmöglich oder nur mit sehr erheblichem Abschlag. Hierzu wäre eine Wertabschätzung durch Sachverständige nötig, und diese ist bei Perlen und Perlencolliers, wenn es sich um getragene Ware handelt, nicht ganz einfach, es sei denn, es handele sich um sehr feine, große und teure Stücke. Bei der Beurteilung von Perlen spielen, anders bei Diamanten, subjektive Gesichtspunkte mit, da eine Normung hier ausgeschlossen ist. Weil die Perlenpreise bei kuranter Ware auch nicht die feiner Edelsteine oder Diamanten erreichen, hätte ein Wiederverkauf auch unter diesem Gesichtspunkt wenig Sinn.

Trotzdem sind Perlen eine Anlage, weil ihr Wert ständig steigt, der Geldwert aber sinkt. In Perlen investiertes Geld ist also zumindest gut angelegt, und da sie bei richtiger Aufbewahrung und Pflege für unbegrenzte Zeit ihren wunderbaren Lüster und Glanz behalten, machen sie nicht nur in der Gegenwart unseren Frauen, sondern auch in Zukunft unseren Nachkommen Freude. Daß man bei Vererbung von Schmuck, Edelsteinen und Perlen Steuern sparen kann, sei ebenfalls am Rande bemerkt.

Die Wertsteigerungen bei Zuchtperlen in den letzten Jahren können mit denjenigen für Gold, Edelsteine und Diamanten verglichen werden. Ein normal langes Collier (40 bis 41 cm) und etwa 6 mm Durchmesser, mittlere Preislage, kostete 1964 etwa 75,– DM. Bis 1969 hatte sich der Preis verdoppelt, bis 1972 verdreifacht, und 1974 mußte man schon 500,– bis 700,– DM anlegen. Allein von 1972 auf 1973 stiegen die Preise um 44 %, 1974 um weitere 65 %. Die japanische Ausfuhr erhöhte sich von 1972 auf 1973 um 43,6 % auf 65 Mill. Dollar, 1974 auf 73 Mill. Dollar, gleichzeitig aber ging die Ausfuhrmenge um 25 % bzw. 1974 um 18 % zurück.

Auf Platz 1 der japanischen Ausfuhr liegt seit Jahren die Bundesrepublik, die 1974 allein für 24,3 Mill. Dollar aus Japan importierte. Die Schweiz nahm für 18,1 Mill. Dollar ab, die Vereinigten Staaten für 8,8 Mill. Dollar. Aber seit 1973 mischen die Ölscheichs kräftig mit, wenn auch die Behauptung, sie kauften die Perlen säckeweise, sicherlich übertrieben ist.

Ferner sind die Russen zunehmend Importeure japanischer Zuchtperlen geworden, und erstaunlicherweise kaufen sie nur die besten Qualitäten. Während der Durchschnittswert je Momme (1 Momme = 3,75 Gramm) der deutschen Importe bei 5,56 Dollar lag, der Schweiz bei 8,73 Dollar und der USA bei 6,52 Dollar, betrug er bei den Sowjets 13,0 Dollar. Die japanischen Perlenexporteure sind demzufolge von dem Qualitätsbewußtsein der Russen sehr beeindruckt. Es wird vermutet, daß die Sowjets die Perlen für ihre Export-Schmuckfabrikation benötigen, die qualitativ einen hohen Standard aufweist.

Der Zuchtperlenexport aus Japan ist 1973 gegenüber dem Vorjahr gewichtsmäßig um 22,8 % zurückgegangen, dem Wert nach aber um 47,6 % gestiegen. Dies bedeutet nach Berechnungen der Japan Pearl Exporters Association einen effektiven Preisanstieg um 91 %, der sich 1974 um weitere 83 % steigerte.

Der mengenmäßige Rückgang erklärt sich durch die Umweltverschmutzung der Küstengewässer, die ganze Austernbänke aussterben läßt, ferner aus der Steigerung der Lohnkosten, was zur Schließung von 60 % aller Perlzuchtfarmen geführt hat, und schließlich aus der Abwanderung der Arbeitskräfte in küstennahe Industriebetriebe, die höhere Löhne zahlen.

Diese letztere Tatsache veranlaßt mich zu einem kurzen Exkurs.

Der Laie ist überwiegend der Auffassung, daß, wer in Luxusindustrien tätig sei, sicher auch erstklassig entlohnt werde. Wie wir am japanischen Beispiel der Perlenzucht sahen, ist dies nicht der Fall, sonst würden wohl die darin Beschäftigten nicht abwandern. Aber auch in der Edelstein- und Diamantschleiferei liegt der Lohnspiegel durchaus nicht so hoch, wie vielfach angenommen wird. Die Konkurrenz ist so groß und die Preiskalkulation so scharf, daß zumindest bei kuranter Ware die Lohnkosten sich auf einem Niveau bewegen, das hinsichtlich der Erlöse einer steten Überprüfung bedarf, wenn man sich noch innerhalb der Konkurrenzfähigkeit bewegen will. Fremde, die nach Idar-Oberstein kommen, lesen immer wieder in der Tagespresse die Beschwerden der Gewerkschaft über niedrige Löhne der Edelstein- und Diamantindustrie. Optisch und im Vergleich mit gut verdienenden auswärtigen Industriezweigen mag dies zutreffen. Aber vielleicht müßte man bei objektiver Betrachtung auch deren Beschäftigungsrisiko sehen und die Tatsache, daß seit dem letzten Krieg und meines Wissens sogar im letzten halben Jahrhundert zwischen Arbeitgebern und Arbeitnehmern dieser Luxusindustrien nicht nur in Idar-Oberstein, sondern auch in Pforzheim, Hanau und Schwäbisch Gmünd immer wieder eine Verständigung ohne jede Streikdrohung erfolgt ist. Und was das soziale Klima anlangt, kann man wohl sagen, daß dieses in der Schmuckindustrie geradezu vorbildlich genannt werden kann. Fest steht aber, daß die Annahme, in der Edelstein- und Diamantindustrie würden Spitzenlöhne gezahlt, ein Märchen war und ist. Für ihre Kunden und alle Schmuckliebhaber, also auch die Geldanleger, ist dieses ausgewogene Verhältnis eher ein Vorteil und eine Beruhigung. Es besagt, daß auch Edelsteine und Diamanten einer scharfen Preiskalkulation unterliegen.

Um wieder zu den Perlen zurückzukehren, so ist zu den weiter oben ausgeführten Fakten folgendes festzuhalten:

1. Die Nachfrage nach Perlen zieht trotz steigender Preise ständig an.
2. Die Verbraucher werden immer qualitätsbewußter. Sie wissen zwischen guter Juwelierware und Ware aus anderen Quellen sehr wohl zu unterscheiden und sind bereit, für eine Perlenkette auch real mehr auszugeben als früher, wenn sie von ihrer besseren Qualität überzeugt sind.

Unterstützt wird dieser Trend dadurch, daß das Perlencollier von den Modemachern neuerdings wieder favorisiert wird und interna-

Schmuckstücke, Weißgold mit Saphiren und Brillanten aus dem Hause
Hans Gordner, 6581 Hettenrodt bei Idar-Oberstein, Telefon 06781-3 39 27

Edelstein-Mineralien aus dem Hause Hans Gordner
6581 Hettenrodt bei Idar-Oberstein

Türkis-, Turmalin-, Lapis-Lazuli-, Smaragd-, Opal-, Aquamarin- und Beryll-Ketten
aus dem Hause Hans Gordner, 6581 Hettenrodt bei Idar-Oberstein

Schmuckstücke, Weißgold mit Edelsteinen und Perlen aus dem Hause
Hans Gordner, 6581 Hettenrodt bei Idar-Oberstein, Telefon 06781-33927

tionale Modehäuser und Couturiers als Accessoires viele Perlen zeigen.

3. Verlangt werden nach wie vor Choker. Während aber früher die Standardlänge von Perlencolliers 40 cm betrug, werden jetzt Choker bis 80 cm immer beliebter. Aber auch Endlos-Colliers (ohne Schloß) bis 120 und 160 cm Länge, die man mehrfach um den Hals winden und auch anderweitig manipulieren kann, etwa mit Nadelbroschen, sind stark gefragt. Lange Perlenketten aus verschiedenartigen und verschiedenfarbigen Perlen, auch unterbrochen durch gleichgroße Edelsteinkugeln, etwa Lapis oder Jade, sieht man immer mehr, desgleichen mehrreihige Armbänder aus Perlen mit Juwelenverschlüssen.
4. Die Japaner unterstützen das gestiegene Qualitätsbewußtsein der Weltverbraucher. Ihre Ausfuhrorganisation unterwirft die Exporte einer scharfen Kontrolle und zieht minderwertige Ware rücksichtslos aus dem Verkehr. Sie wird ins Meer gekippt.
   Eine Babyauster muß 3 Jahre alt sein, bevor sie geimpft werden kann. Weitere 3 und mehr Jahre braucht sie, um den eingepflanzten Fremdkörper mit Schichten von Perlsubstanz zu umschließen, bevor die Perle reif ist. Betrüger versuchen manchmal, unter Umgehung der Kontrolle minderwertige Perlen auf den Markt zu werfen, also solche, die vielleicht erst ein Jahr alt sind. Ihre Perlmuttschicht ist dann so dünn, daß der eingepflanzte Kern durchschimmert.
   Jeder seriöse Juwelier wird entweder solche dünnschalige Ware nicht führen oder seine Kundschaft darauf hinweisen. Ihr Preis ist ja auch entsprechend niedriger.
5. Man kaufe deshalb Perlen nur nach sorgfältiger Prüfung der sechs Qualitätsmerkmale Größe, Form, Makellosigkeit, Farbe, Glanz und Lüster. Jedes dieser Merkmale ist objektiv leichter feststellbar als Reinheitsgrad oder Farbe bei Diamanten. Der Juwelier aber führt ohnehin nur einwandfreie Ware in seinem Sortiment. Marktschreierische Angebote anderer Quellen sollte man gerade bei Perlen sehr aufmerksam studieren, denn schon ihr meist niedriger Preis muß zu denken geben.

Hier noch einige Hinweise, die für den Erwerb von Perlen nützlich sein können.

Perlfarbe: Deutschlands Frauen bevorzugen an erster Stelle Rosé und Weiß (65%), Goldfarben (14%), Grün (2%) und Braun, Dunkelbraun oder Schwarz zusammen 9%. Man sieht häufig Doppel- oder Mehrfachcolliers in Schwarz-Weiß nebeneinander.

Form. Man achte auf absolut einwandfreie runde sphärische Form, falls man nicht Barockperlen vorzieht. Winzige Ausbuchtungen (Spots) mindern die Qualität. Man lasse jede Perle eines Colliers einzeln durch die Finger gleiten und prüfe sie.

Größe. Normale Colliers sollten einen Perlendurchmesser von wenigstens 6 mm aufweisen, vor allem bei Chokerketten. Verlaufende Colliers sind kaum mehr gefragt. Die Größe der Perlen sollte sich auch ein wenig nach der Gestalt ihrer Trägerin richten.

Preise. Für die Normallänge (etwa 40 cm) sollte man 1975 mindestens 600,– bis 1000,– DM anlegen. Unterhalb dieser Schwelle kann man keine völlig befriedigende Qualität erwarten. Der Preis für längere Ketten, also 80, 120 oder 160 cm steigt progressiv, weil die Zusammenstellung der Perlen mit wachsender Länge immer schwieriger wird. Die einzelnen Perlen müssen in allen Qualitätsmerkmalen übereinstimmen.

Auch mit der Perlengröße steigt der Preis; bis zum nächsten Halbmillimeter immer um 50%. Ein 8-Millimeter-Choker kostet also 50% mehr als ein 7½-Millimeter-Choker.

Zwei oder mehr Perlen, die nach Größe, Glanz, Form, Farbe und Makellosigkeit gleich oder weitgehend gleich sind, haben zusammen einen höheren Wert als die Summe der einzelnen. Achten Sie deshalb darauf, ihr Collier jedes Jahr vom Juwelier auf Reißfestigkeit des Fadens prüfen zu lassen und gegebenenfalls neu zu fädeln. Der Verlust auch nur einer einzigen Perle aus dem Collier ist teuer, denn eine Ersatzperle muß ja alle Merkmale der übrigen Perlen besitzen, um in das Collier zu passen.

Um den Lüster einer Perle zu prüfen, legen Sie das Collier auf weißes Steinpapier mit bläulicher Einlage, das Ihnen jeder Juwelier gibt, oder prüfen Sie die Perlen einfach auf Ihrem Handrücken. Allerdings: aufgereihte Perlen beeinflussen sich gegenseitig im Farbton. Gehen Sie deshalb ans Fenster mit gutem Tageslicht und lassen Sie letztere breitseitig auf das Collier fallen.

Die heute auf dem Markt befindlichen Perlen sind fast ausschließlich Zuchtperlen. *Orientperlen,* auch echte Perlen genannt, werden kaum noch gehandelt, weil sie äußerst selten sind und deshalb ungemein teuer. Sie haben keinen Kern, weil sie auf natürliche Weise als

Zufallsprodukte der Natur entstanden sind. Deshalb bestehen sie fast nur aus Perlsubstanz. Sie sind – wenn man einen Preis nennen soll, etwa zehn- bis zwanzigmal so teuer wie Zuchtperlen, spielen also nur für vermögende Liebhaber eine Rolle.

Die *Zuchtperle* besteht aus einem kugelförmigen Perlmutterkern vorzugsweise aus Muschelmaterial des Mississippi-Flusses, um die herum sich echte Perlsubstanz bildet.

Zuchtperlen sind auch die *Süßwasserperlen,* die hauptsächlich im japanischen Biwasee gezüchtet werden. Auch sie haben keinen Kern, aber ihre Zuchtmethode wird geheimgehalten. Möglicherweise werden die Austern mit einem Öltropfen geimpft. Diese Perlen werden aber vielfach nicht richtig rund, sondern bekommen eine barocke Form. Farblich sind sie grau-weiß in sehr heller Variante.

Südseeperlen sind ebenfalls gezüchtete Perlen. Sie wachsen in den sogenannten Schweinsmuscheln, eine größere Ausgabe der normalen Perlmuscheln, und zwar an der australischen oder burmesischen Küste. Weil ihr Muttertier relativ groß ist, haben sie ebenfalls einen größeren Durchmesser als die japanischen Zuchtperlen. Sie können bis zu 18 mm Durchmesser wachsen. Auch wenn sie manchmal eine etwas barocke Form aufweisen, sind sie nicht billig. Für ein Paar größerer Südseeperlen, etwa über 11 mm, muß man bei bester Qualität schon einen mindestens fünfstelligen Betrag aufwenden, für die seltenen Colliers entsprechend mehr. Aber gerade Südseeperlen werden zusammen mit feinsten Zuchtperlen-Colliers von großem Durchmesser immer mehr zu den Geldanlagen mit Wachstumscharakter gezählt.

Man hüte sich, wenn man sein Geld gut anlegen will, vor Perlenimitationen. Abgesehen von den ganz billigen Glasmasse-Produkten gibt es Porzellan-Perlen, die man am Gewicht identifizieren kann. Wirklich hervorragende Nachahmungen sind die »Maharani-Perlen« und die Majorica-Perlen.

Erstere werden von der Glassteinfirma Swarowski in Österreich hergestellt (Wattens-Tirol) und ähneln in verblüffender Weise den Zuchtperlen. Ihr Ausgangsprodukt sind widerstandsfähige Glaskerne, auf denen durch physikalische und chemische Mittel eine Perlhaut erzeugt wird.

Die Majorica-Perlen werden nach Jahrzehnte langen Experimenten eines Spaniers künstlich, aber täuschend ähnlich auf Mallorca hergestellt. Sie sind gegen äußere Einflüsse, sogar gegen Sonnenstrahlen und

Meerwasser völlig unempfindlich. Man hört, daß Betrugsfirmen diese Perlen massenweise nach Japan verfrachten, um dann als japanische Zuchtperlen wieder das Land zu verlassen.

In beiden Fällen kann man Täuschungen nur durch Kauf bei einem guten Juwelier entgehen – abgesehen vom Preis natürlich, der z. B. für Majorica-Perlen, auf Mallorca gekauft, nur etwa 120,– bis 150,– DM für eine normale 41-cm-Kette beträgt. Es gibt aber immer wieder Tausende von Touristen, die glauben, Zuchtperlen erworben zu haben.

Abschließend noch einen Rat für Leute mit ganz dicken Brieftaschen: Süßwasserperlen werden nach Bahrein am Persischen Golf verfrachtet und dort als Orientperlen verkauft, weil sie keinen Kern haben. Orientperlen sind, wie berichtet, sündhaft teuer; Unterscheidungsmerkmale für den Laien gibt es nicht. Wer also hunderttausend Mark für Orientperlen ausgeben möchte, soll sie nicht in Bahrein, sondern beim Juwelier in Deutschland kaufen.

IX

Fabergés

Edelsteine werden nicht nur zu Schmuck verarbeitet. Eine große Anzahl von Künstlern schneiden, gravieren und modellieren Edelsteine zu Gemmen, Skulpturen und Figuren, komponieren Edelstein-Mosaiken und – zusammen mit Edelmetall, Fabergés. Der Schöpfer dieses Kunstzweiges ist der Goldschmied Carl Fabergé (1846 bis 1920), der 1870 in Petersburg und Moskau als Nachfolger seines Vaters Hofgoldschmied des russischen Zaren wurde. Er begründete eine Goldschmiede-Dynastie gleichen Namens, die im Europa der damaligen Zeit legendären Ruhm besaß, der bis zur Gegenwart fortlebt. Seitdem sind »Fabergés« zu einem Sammelbegriff geworden für kostbare, handwerklich raffiniert hergestellte Edelsteinarbeiten, auch in Verbindung mit anderen Werkstoffen wie Perlen, Gold und Email. Sie kommen entweder direkt aus den Werkstätten der Fabergé-Dynastie und erzielen dann hohe Preise, oder sie werden als Kopien und Fälschungen gehandelt. Die ersteren, mit dem Werkstempel versehen, erzielen auf den internationalen Kunstauktionen enorme Preise und gelten als Geldanlage allerersten Ranges. Man muß aber schon sehr viel Sach- und Materialkenntnis besitzen, um Echtes und Falsches unterscheiden zu können. Viele über diese Kunstgattung erschienene Veröffentlichungen können hierzu verhelfen, so z. B. »The Art of Carl Fabergé«, »Der Kreml«, »Peter Carl Fabergé and his life« und andere.

Carl Fabergé war der wohl am großzügigsten geförderte und mit Reichtum überhäufte Günstling eines Fürstenhofs. Man nannte ihn den Benvenuto Cellini der Neuzeit. Zunächst ausschließlich am Zarenhof in Petersburg tätig, errichtete er Werkstätten in Moskau, Kiew, Odessa und London. Seine Arbeit für den Zaren dehnte sich später auf viele Fürstenhöfe Europas aus. Seine Schüler waren die berühmtesten Künstler aus vielen Ländern. Die Firmen-Initialen blieben jedoch ausschließlich der Petersburger Hauptniederlassung vorbehalten. Dem Moskauer Atelier stand der Werkstatt-Stempel zu.

Diese Stempel spielen bei der Beurteilung der Fabergés eine ausschlaggebende Rolle, weil sie nach dem Tode des Meisters in großem Umfang gefälscht wurden. Andererseits tragen auch viele echte Fabergés keinen Stempel, hauptsächlich die Tier- und Menschenplastiken aus Edelsteinen. Bis zum heutigen Tag werden sie deshalb in großem Umfang nachgeahmt. In Idar-Oberstein leben Edelsteingraveure, die solche Plastiken im Stil Fabergés in höchster Vollendung herstellen können. Ich sah bei dem bekannten Sammler Kuhlman, Pineville, Pennsylvania USA ein Massai-Kriegerpaar aus Edelsteinen, die er von dem Idarer Meister Paul Dreher erworben hatte, ferner einen Marabu aus Nephrit, einen Bambusbär aus Obsidian und weißem Achat, einen Truthahn aus Jaspis, Koralle, Tigerauge und Labradorit sowie russische Bauern aus Jaspis, alle nach Fabergé gestaltet — aber eben Schöpfungen Paul Drehers, die den echten nicht nachstehen. Auch der Meistergoldschmied der Juwelierfirma Tiffany in New York, Jean Schlumberger, ist ein würdiger Nachfahre Fabergés, ebenso wie eine Anzahl Edelsteingraveure aus Idar-Oberstein.

Nun kommt die enge Verbindung von den Fabergés und Idar-Oberstein nicht von ungefähr, denn der Meister erteilte Idar-Obersteiner Firmen zu seinen Lebzeiten beträchtliche Aufträge, ja durch ihn wurde die Kunst des Gravierens in dieser Stadt gefördert und unter geändertem Vorzeichen zu neuem Leben erweckt.

Während nämlich bis zum Ende des 19. Jahrhunderts im wesentlichen Wappen und Monogramme nach antiken und französischen Vorbildern geschnitten wurden—viele Schleifer hatten sich nach 1840 in Paris zu Graveuren ausbilden lassen — kamen nach dem 70er Krieg immer mehr Aufträge von Carl Fabergé. Hierzu macht Klaus Eberhard Wild (a. a. O. S. 42 f.) sehr interessante Ausführungen. »Aus seiner umfassenden Kenntnis der Steinbearbeitung und -bearbeitungsmöglichkeiten in Europa und China wies Fabergé den Idar-Obersteiner Graveuren den Weg zur figürlichen Steinarbeit, die — unter Verzicht auf die Vorarbeit des Schleifers — vom Graveur selbst aus dem bruchförmigen Stein herausgearbeitet wird. Durch die von ihm über die Firmen Gebr. Stern und Elias Wolf erteilten Aufträge auf Anfertigung von Figuren und verschiedenartigen Montageteilen aus Stein, genau entsprechend den aus den Ateliers in Moskau mitgeschickten Modellen und Zeichnungen, wurden viele Graveure veranlaßt, in ihren Werkstätten Steinsägemaschinen und Karbonrundschleifräder aufzustellen und sich an Schleifarbeiten zu wagen, die nichts oder doch nur wenig mit der Arbeit an der stählernen Graveurspindel, dem klassischen Arbeitsgerät der Graveure, zu tun haben. Das Herausarbeiten figürlicher Formen aus dem bruchförmigen Stein ist nämlich ein reiner Schleifvorgang, der an dem großen für Flächenschliffe gedachten Sandsteinrad der Achatschleifer nicht bewerkstelligt werden kann. Seit etwa 1910 gibt es also in Idar-Oberstein neben den Gemmen- und Kamee-Graveuren, die heute ausschließlich Wappen und Monogramme schneiden, eine Gruppe von Graveuren, die in ihren Werkstätten nach verschiedenen, der Schleiferei entliehenen Methoden arbeiten und nur für das Herausarbeiten der letzten Feinheiten das klassische Arbeitsgerät der Edelsteingraveure, die stählerne Graveurspindel, benutzen.«

Die Entwicklung ging vor allem nach dem Tode von Fabergé langsam vor sich. Später widmete man sich »der Anfertigung von Blüten und Blättern, etwa in natürlicher Größe, vorwiegend aus Bergkristall und eingefärbtem Achat, kleinen Tier-, Buddhafiguren und Köpfen verschiedener Menschenrassen aus fast allen Schmucksteinarten. Erst nach dem zweiten Weltkrieg trat die figürliche Steinarbeit Fabergé'schen Charakters auf Grund guter handwerklicher Leistungen wieder in den Blickpunkt des Interesses.« Soweit Wild.

Zu den Hauptwerken der Petersburger Fabergé-Dynastie zählen die berühmten Ostereier aus Gold, Diamanten, Farbsteinen und Email, die der Zar zum Fest seiner Familie und den Damen der Großfürsten schenkte – Kunstwerke, die, wenn sie einmal am Weltmarkt irgendwo auftauchen, zu unwahrscheinlich hohen Preisen gehandelt werden. Auf einer Auktion von Christie's in Genf am 21. November 1973 wurde ein russisches Osterei für 620 000.– Sfr versteigert. Zar Nikolaus II. schenkte es einst seiner Frau Alexandra Feodorowna. Zwei weitere Fabergés, darunter die Zigeunerplastik aus Jaspis und Bergkristall, erreichten den Zuschlag bei 200 000.– Sfr. Für die beiden Edelsteinfiguren russischer Bauern, ebenfalls aus Jaspis, wurden bereits im Juli 1962 bei Sotheby's 63 000,– DM gezahlt, und ein Osterei aus Gold und Diamanten kam im gleichen Jahr auf 72 000,– DM.

1967 erlöste man für ein winziges Miniatur-Tischchen aus Gold, Elfenbein und Edelsteinen 118 000,– DM, für eine vergoldete Zigarettendose mit Email 59 000,– DM, für einen Flamingo aus Rubin,

Diamanten und Barockperlen 19000,– DM. Ein Schimpanse aus Achat brachte 1967 48 000,– DM, ein goldenes Zigaretten-Etui mit Diamanten 120 000,– DM, ein Maiglöckchenstrauß aus Gold (Zweige), Nephrit (Blätter) und Perlen (Blüten) 18 500,– DM.

Man kann sicher sein, daß echte Fabergés, also Werke des Meisters selbst oder seiner Schüler, z. B. Nikolaus Perchin, bei späteren Wiedervorlagen immer märchenhaftere Preise erzielen, vorausgesetzt, daß sie nicht in den Vitrinen von Kunstmäzenen oder Fürstenhäusern für immer verschwinden, wie z. B. von Kenneth Snowman London oder gar der englischen Königin, die wohl die bedeutendste derartige Privatsammlung besitzt. In Schlössern und Museen sieht man hin und wieder Werke des Meisters, das die dekorative Pracht und Herrlichkeit all dessen offenbart, womit diese begönnerten Goldschmiede einst arbeiten konnten.

In Deutschland besitzt die wohl beachtlichste Sammlung von Tierplastiken Herr Georg O. Wild in Idar-Oberstein, der sich in den letzten Jahrzehnten um die Glyptik in ihrer figürlichen Darstellung große Verdienste auch hinsichtlich der Material- und Motivauswahl erworben hat. Auch die in begrenztem Maß der Öffentlichkeit zugänglichen Ausstellungen der Firmen A. Ruppenthal und W. Constantin Wild & Co. in Idar-Oberstein enthalten umfängliche Schätze dieses Kunstgenres. Beide Ausstellungen anzuschauen sollten sich passionierte Liebhaber der Steinschneidekunst bei einem Besuch Idar-Obersteins nicht entgehen lassen. Ich bin gern bereit, solche Besichtigungen zu vermitteln, auch bei den Idarer Künstlern, die noch in der Steinschneidekunst tätig sind.

Mit dem Erwerb echter Fabergés oder figürlicher Kunstwerke unserer noch verbliebenen Edelsteingraveure verhält es sich so wie mit dem Kauf von Kunst überhaupt: Da eine materielle Bewertung nicht möglich ist, Vergleichsmaßstäbe nicht bestehen und eine reale Gewinn-Chance bei Wiederverkauf kaum voraussehbar ist, muß der Käufer selbst entscheiden, ob er Vernunft oder Liebhaberei sprechen lassen soll. Vielfach hat man erlebt, daß Liebhaberpreise schon nach wenigen Jahren echte Gewinn-Chancen hatten, weil der Kunstmarkt allgemein und insbesondere von speziellen Zweigen leergefegt ist. Da sich echte Fabergés überhaupt nicht und neue Schöpfungen lebender Meister nur bedingt vermehren, kann hier der Bewertungstrend – normale Verhältnisse vorausgesetzt – nur nach oben gehen. Auch in

Zukunft werden sich der Kunst der Glyptik nur noch wenige Auserwählte widmen. Nachwuchs gibt es nur ganz begrenzt; schöpferischer Genius, Ehrgeiz, Ausdauer und Bescheidenheit besonders in den entbehrungsreichen Ausbildungsjahren müssen sich vereinigen, bevor diese Kunst beginnt, ihren Jünger zu ernähren, zumal Kunstmäzene immer rarer werden. Der Markt hat also seine Grenzen, und insofern kann man passionierten Liebhabern dieses Genres guten Gewissens zum Kauf raten. Ihr Geld ist gut angelegt; und sollte man sich aus irgendwelchen Gründen wirklich einmal von seinen Erwerbungen trennen müssen, so finden sie auf den großen Kunstauktionen zunehmend Interessenten bei steigenden Preisen.

X

Gemmen

Gemmen sind Kunstwerke eines Bereichs, den man Steinschneidekunst oder griechisch Glyptik nennt. Ich habe den Begriff als Sammelüberschrift des Kapitels gewählt, weil er am volkstümlichsten ist. Auch die Fabergés zählen ja teilweise zur Glyptik.

Die uralte Kunst des Gravierens von Edelsteinen wurde schon im vierten Jahrtausend vor Christus ausgeübt; später brachten sie Sumerer, Babylonier und Assyrer auf einen Höhepunkt. Da heute das rotierende, mit Diamantenstaub besetzte Rädchen, aber auch schon Ultraschall ihr Werkzeug ist, muß man diese vorchristlichen Künstler um so mehr bewundern, als ihnen beides noch nicht zur Verfügung stand.

Die uns aus der geschlossenen Welt des alten Orients überkommenen Kunstwerke gravierter Steine zeigen von primitivster Unbeholfenheit bis zur überzeugenden Darstellungskraft alle Entwicklungsstufen dieser Kunst, die über die Kulturen der Ägypter, Perser, der Griechen nach Cypern, Karthago und Rom wanderte und in der Zeit Alexanders des Großen bereits ihre Blütezeit überschritten hatte. Bacchus und Aphrodite, in Granat und Hyazinth geschnitten begegnen uns, Porträts werden graviert, und der bedeutendste Künstler der Zeit, Pyrgoteles, war ein geförderter Günstling Alexanders. Römische, etruskische und italische Gemmen folgen; Dioskurides war der Hofgraveur des Kaisers Augustus.

Dem Ende des römischen Reiches folgte auch der Niedergang der Steinschneidekunst, aber deutsche Kaiser und Könige siegeln noch bis ins 8. Jahrhundert mit alten römischen Gemmen.

Der noch erhaltene Schatz an gravierten Kunstwerken des Altertums ist verhältnismäßig groß und bedeutend. Nur ist er in aller Welt verstreut, in Museen und Kunstsammlungen, öffentlichen und privaten. Es gab schon im Mittelalter bedeutende Sammler antiker Gemmen, so z. B. Lorenzo Medici. Aus diesen Gemmen lernten nicht nur die Gemmenschneider der Renaissance, sondern sie waren auch eine der wichtigsten Quellen der Antike. In der Periode der Renaissance, des Quattrocento, des Klassizismus und im Zeitalter Winckelmanns blühte die Kunst des Gemmenschneidens wieder auf. Meister wie Pichler und Natter gravierten im antiken Stil in vollendeter Perfektion, ja sie signierten ihre Gemmen mit griechischen Namen. Antike Glyptik war bei Königen und Päpsten hochgeschätzt. Papst Paul II. bot der Stadt Toulouse, um die Gemma Augustea zu erwerben, vergeblich den Bau einer Brücke über die Garonne an. Die Gemma Augustea war bekanntlich eines der berühmtesten Werke des augusteischen Zeitalters. Einer der bedeutendsten Steinschneider der Gegenwart, der Edelsteingraveur Richard Hahn in Idar-Oberstein, belegt diese Auffassung an Hand eines umfassenden Überblicks über die »Steinschneidekunst über sechs Jahrtausende« in der Zeitschrift der Deutschen Gemmologischen Gesellschaft 1974 Heft 1 durch viele Beispiele. Was heute durch einige wenige Idarer Künstler an Edelsteingravuren geschaffen wird, lehnt sich an die besten Überlieferungen der Antike an und steht ihnen nicht nach. Über 90% aller heute in Europa geschnittenen Edelsteine kommen aus dem Raum Idar-Oberstein, und nur hier besteht die Möglichkeit, den Beruf des Edelsteingraveurs zu erlernen.

Heute ist die Zahl der Kenner und Liebhaber der Glyptik kleiner geworden, aber Idar-Oberstein ist noch immer das Mekka dieses Kunstzweiges, wobei keineswegs ein Martin Seitz in Passau oder Edwin Rott in Stuttgart, um nur diese beiden zu nennen, vergessen werden sollen. Wer die Ausstellung »Lebendige Steinschneidekunst« in der Abtei Liesborn besucht und dort die Leihgaben antiker Glyptik von Frau Professor Treskow, aber auch die daran anknüpfenden Arbeiten von Martin Seitz sah, hatte die Verdienste dieses Mannes um die Bewahrung eines unvergänglichen Erbes vor Augen. Sein Antipode aus Idar-Oberstein, Bernd Munsteiner, dessen Schaffen vielleicht mit Glyptik im alten Sinn nichts zu tun hat, vertritt die steinerne Kleinplastik, zum Beispiel durch modern gestaltete Struktur- oder Relief-Achate. Damit stellt er sich neben die Bewahrer des antiken Erbes der großen Idarer Graveure, deren Werke im Deutschen Edelstein-Museum von riesigen Besucherscharen bewundert werden.

Daß bei ihrer Bearbeitung bereits in großem Umfang die Ultraschall-Technik angewandt wird, ist nur den Eingeweihten geläufig;

eine Technik, die man vor gar nicht allzu langer Zeit nicht einmal dem Namen nach kannte. So ändern sich die Zeiten auch in einer sechstausend Jahre alten Kunst.

Zum Abschluß dieses Kapitels sei noch auf die Kristallmalerei hingewiesen, die nur noch in Idar vorkommt und auch dort nur noch einen oder zwei Vertreter hat. In flach geschliffene Bergkristalle wird die vertiefte Gravur der Steinschneider, spiegelverkehrt, vom Künstler ausgemalt – mit so feinen Pinselstrichen, daß man beispielsweise bei Fuchsköpfen sogar nur unter der Lupe das weiße Pünktchen im Auge des Tieres zu sehen vermag. Und selbst dieses Pünktchen muß an der richtigen Stelle sitzen – sonst schielt der Fuchs. Graveure und Maler dieser Mini-Kunstwerke sind Experten einer Disziplin, die wohl mit ihren jetzt lebenden Vertretern ausstirbt. Max Deussing in Idar-Oberstein ist vermutlich der letzte Kristallmaler.

Daß für solche Stücke, aber auch für Idarer Gemmen, Steinschnitte und Wappensteine von Liebhabern hohe Preise gezahlt werden, ist ein Beweis des Vertrauens in diese einzigartige und wohl auch einmalige Kunst. Mit einer Geldanlage darin handelt man sich neben dem materiellen und künstlerischen Wert »Freude an schönen Dingen« ein, die Heinrichs Vater in Adalbert Stifters »Nachsommer« so formulierte:

»Diese Steine sind durch viele Jahre mein Vergnügen gewesen. Oft in trüben Stunden, wenn Sorgen und Zweifel das Leben seines Duftes beraubten und es dürr vor mich hinzubreiten schienen, bin ich zu dieser Sammlung gegangen, habe diese Gestalten geschaut, bin in eine andere Zeit und eine andere Welt versetzt worden und ein anderer Mensch geworden.«

XI

Schmuck und Juwelen

Schmuck, Juwelen, Pretiosen, Kleinodien, Geschmeide – wie man sie auch nennen mag, diese so gar nicht lebenswichtigen, nebensächlichen und doch so wertvollen »beautiful things« – sie haben eines gemeinsam: sie befriedigen den »Wunsch ihres Trägers, sich aus der Menge herauszuheben, die Blicke der Umwelt auf sich zu lenken und die eigene Persönlichkeit zu unterstreichen«. (R. Scholz und H. v. Roques, Schmuck aus fünf Jahrtausenden.) Nur können wir uns hier nicht mit philosophischen Aspekten des Schmucks, sondern nur mit seiner kommerziellen Seite befassen: Ist eine Geldanlage in Schmuck und Juwelen empfehlenswert?

Unter »Schmuck« wollen wir kuranten Schmuck verstehen, also Edelmetallschmuck (auch Silber) ohne oder mit echten Steinen (Schmucksteinen), unter »Juwelen« ausschließlich Hochedelsteine in Gold oder Platin oder einer ihrer Legierungen gefaßt. Ferner müssen wir unter dem Aspekt der Geldanlage zwischen antikem und modernem Schmuck unterscheiden. Klassischer antiker Schmuck ist solcher aus dem Altertum, antiker Schmuck solcher ab etwa 1500 (Inkas) bis zum Beginn des 20. Jahrhunderts und moderner Schmuck vom Jugendstil bis zur Gegenwart. Manche zählen zu antikem Schmuck alles, was bis etwa 1850 hergestellt wurde, von den altägyptischen Skarabäen bis zum Biedermeier.

Ob nach dieser oder jener Auffassung: antiker Schmuck ist das große Geschäft internationaler Juwelenauktionen. Wer hier kauft, muß allerdings nicht nur einen überdurchschnittlichen Sachverstand besitzen, sondern auch Fachmann für Edelsteine sein. Denn die Fassungen, und mögen sie augenscheinlich noch so kostbar sein, spielen unter rein kommerziellem Aspekt wertmäßig eine untergeordnete Rolle, wenn es sich nicht um klassifizierte Schöpfungen großer Meister oder um museale Stücke handelt. Was zählt, sind die Steine, und die sind bei vielen antiken Juwelen schlicht falsch. Vormalige Besitzer haben ihre finanziellen Probleme durch Austausch der Steine gelöst, wie das Diadem aus dem 18. Jahrhundert beweist, das Spaniens Staats-Chef Franco Königin Fabiola von Belgien bei ihrer Hochzeit überreichte. Die Diamanten waren reines Glas. Selbst Kirchenschätze, und wenn sie in Steingräbern von Päpsten verwahrt wurden, waren vor Manipulationen nicht sicher; mittelalterliche Gottesdiener sind auch nur Menschen gewesen, und warum sollten sich nicht funkelnde Diamanten, Smaragde, Rubine oder Safire durch schöne geschliffene farbige Glassteine ersetzen lassen?

Deshalb Vorsicht bei antiken Juwelen, Vorsicht auch bei ererbtem Schmuck aus dem vorigen Jahrhundert oder der Jahrhundertwende, seitdem es synthetische Edelsteine gibt. Damals ließen unsere Großeltern in gutem Glauben die neu entdeckten und überbewerteten synthetischen Steine fassen. Als unecht werden sie meist erst identifiziert, wenn man den Schmuck – etwa bei Erbauseinandersetzungen – taxieren läßt.

Aber selbst wenn es sich bei antikem Schmuck wirklich um echte Edelsteine handelt, besitzen sie, an heutigen Maßstäben gemessen, zum Teil wenig Wert. Auch die Diamanten früherer Jahrhunderte, etwa bis zur Entdeckung der brasilianischen Vorkommen, erfüllen nicht unsere heutigen Ansprüche, und auch für die Zeit danach gilt in Bezug auf Qualität und Schliff dasselbe. Handelt es sich aber wirklich um lupenreine Steine, so müssen sie wegen ihres Schliffs (Rosen!) unter Verlust bis zu etwa 50% ihrer Substanz umgeschliffen werden.

Die in antikem Schmuck enthaltenen Perlen, auch wenn es sich fast ausschließlich um Orientperlen handelt, sind deutlich gealtert, ihr Lüster ist verblaßt, und meist sind es Barockperlen. Bei der Fassung ist der Edelmetallfeingehalt fragwürdig, denn eine Punzierung im heutigen Sinn gab es nicht.

Trotzdem erzielt antiker Schmuck auf Auktionen der wirklich bedeutenden Häuser hohe und höchste Preise. Wer einmal an einer solchen Auktion, etwa bei Sotheby's in London, teilgenommen hat, wird die über den mit undurchdringlicher Miene und scheinbar gelangweilten Gesichtern dasitzenden Bietern schwebende Aura nicht so leicht vergessen. Eine Bewegung mit dem Bleistift, ein Hochziehen der Augenbrauen, ein unmerkliches Nicken oder Kopfschütteln – das ist alles, was sie sich abringen und was der Zuschauer auf den Gästestühlen wahrnehmen kann. In Wirklichkeit sind sie natürlich hellwach und folgen der Stimme des auf hohem Podest hockenden Taxators mit gespannter Aufmerksamkeit, der mit unheimlicher Schnelligkeit die Preissprünge ansagt und im genau richtigen Moment den Hammer fallen läßt. Dann ist meist ein sagenhaftes Limit erreicht, aber wohl niemals ein solches, das nicht in der Vorbesichtigung unter den ernsthaften Bietern längst abgesprochen wurde. Bei ihnen handelt es sich meist um einen geschlossenen Kreis von Interessenten, den auch der Taxator genau kennt. Daß der erzielte Preis sehr hoch liegt, aber nicht so hoch, als daß er nicht beim Weiterverkauf immer noch einen ansehnlichen Gewinn übrig ließe, davon muß man wohl ausgehen.

Gesteigerte Juwelen ohne musealen Wert werden meist ausgebrochen, das Edelmetall eingeschmolzen und die Steine umgeschliffen. Allein deren Erlös ist maßgebend, und eben deshalb könnte es für Zufallssteigerer eine unangenehme Enttäuschung geben, sollten sie in Unkenntnis der Gebräuche und ohne genügenden Sachverstand ihr Glück riskieren.

Allerdings kann man bei Juwelenauktionen auch Stücke erwerben, die ohne jede Umarbeitung sofort getragen werden können. Das gilt vor allem für den Jugendstilschmuck, der gegenwärtig eine Renaissance erlebt. Wer hier rechtzeitig einstieg, konnte beträchtliche Wertsteigerungen erzielen, auch bei einem Wiederverkauf. Positiv schlägt ferner die Steuerneutralität gefaßter Schmuckstücke zu Buche.

Beim Erwerb von Gegenwartsschmuck ist mancherlei zu berücksichtigen. Je kostbarer eine Juwelierarbeit, desto konservativer sollte das Design sein. Viele Juweliere und Goldschmiede raten, hochwertige farbige Edelsteine und Diamanten nicht in avantgardistische Entwürfe zu investieren. Sie haben bei aller Anerkennung von Design und Dekor nur zeitlich begrenzten Wert. Sobald der Publikumsgeschmack umschlägt, ist ihr Design wertlos oder unmodern und die Steine müssen neu gefaßt werden. Dies gilt nach Auffassung dieser Juweliere ab Werten von etwa 40 000,– DM.

Weiterhin kommt es auf den Designer an. Von den Lebenden der allerersten Garnitur wäre vielleicht – um wenigstens einen Namen zu nennen – Jean Schlumberger zu erwähnen, der früher für den Modeschöpfer Schiaparelli Gewandschmuck entwarf und seit 1945 für Tiffany arbeitet. Er war der erste Schmuckentwerfer, der mit dem begehrten Preis der Modekritik im Metropolitain-Museum in New York ausgezeichnet wurde. Auch ist er derjenige, der den einzigen kanariengelben Diamanten der Welt, den sogenannten Tiffany-Diamanten, zu einer Brosche mit auswechselbarer Fassung verarbeitete. Gelegentlich eines meiner Edelsteinvorträge in New York durfte ich beide, Stein und Fassung, in Händen halten, eine Ehre, die ich zu würdigen wußte.

Auch außerhalb der Branche stehende Künstler haben zeitweise Schmuck entworfen, so z. B. Max Ernst, Lucio Fontana, Jean Cocteau, Salvadore Dali, Picasso oder Georges Braques. »Dessen Beiträge zur Schmuckkunst«, schrieb Professor Gregorietti, »machen deutlich, wie ein Werk aus diesem Zweig des Kunstgewerbes in den Rang der bildenden Kunst aufsteigen kann, wie es öfter während der italienischen Renaissance geschehen war.«

Daß Schöpfungen solcher Künstler als Zeiterscheinungen hohe Preise erzielen können, leuchtet ein. Ob sie gerechtfertigt sind, kann zweifelhaft scheinen, wird sich aber erst bei etwaigem Wiederverkauf herausstellen, der möglicherweise zu Enttäuschungen führt.

Beständig jedenfalls sind solide und in konservativem Gewand gearbeitete Juwelen mit allerfeinsten Steinen, die bei seriösen Juwelieren und Goldschmieden zu vernünftigen Preisen (eventuell auf Wunsch mit Juwelenpaß) erworben werden, der vom Juwelier persönlich unterzeichnet ist. Das haben Umfragen des Verfassers ergeben, die sowohl an Juweliere als auch an potente Käufer gingen. Wenn man letzteren etwa vorwerfen würde, sie hätten kein Verständnis für unsere vorwärtsstrebende Avantgarde, so wäre dies unangebracht. Deren Arbeiten werden, das zeigen die Umsätze, hoch geschätzt, und wenn es sie nicht gäbe, wäre die Welt um vieles ärmer.

Hier handelt es sich vor allem um die Frage, wie man sein Geld anlegen soll. Und da ergeben die Umfragen und die Erfahrungen der Juweliere eben eindeutig, daß bei der Investierung hoher Geldbeträge im allgemeinen das Wertbeständige zählt. Konservative Designs, natürlich mit Zugeständnissen an moderne Fertigungsmethoden, (Pavéfassungen z. B.) und an den Zeitgeschmack sind seit Jahrzehnten gefragt und werden auch auf absehbare Zeit weiter gefragt sein. Es hat keinen Zweck, vor dieser realistischen Erkenntnis die Augen zu verschließen. Harte Fakten bestimmen die Anlagemodalitäten und -zweckmäßigkeiten beim Käufer, und ihm müssen sich Designer und Juweliere beugen, wenn sie Geschäfte machen wollen. Ausnahmen auch bei hohen Investitionen bestätigen auch hier die Regel. So kaufte unlängst ein sehr vermögender Industrieller für seine viel jüngere Frau einen avantgardistischen, eigens entworfenen und neu angefertigten Brillantschmuck für 350 000,– DM. Auf die Frage, warum er so viel Geld in ein eventuell eines Tages wieder unmodern werdendes Juwel investiere, antwortete er: »Weil es meiner Frau gefällt.« Vortrefflich!

Freude am Schmuck also – das ist zugleich der hauptsächliche Grund für Schmuckerwerb. Der zweite: Schmuck soll dauernde Erinnerungswerte beinhalten, und drittens schließlich will man Schmuck als bleibenden Sachwert kaufen.

Schmuck als Wiederverkaufswert anzuschaffen ist irreal, es sei denn, die Fassung wird als *quantité négligable* betrachtet. Schmuck ist seiner ganzen Natur nach ein schmückendes Element; ob er seine Trägerin wirklich schmückt, steht auf einem anderen Blatt. Eines meiner Vortragsthemen heißt: »Schmückt Schmuck?« In dieser Fragestellung liegt auch gleichzeitig die Antwort. In über 100 farbigen Kontrastbildern stelle ich oft, frei nach Rainer Barzel, fest: »So nicht, meine Damen.« Das betrifft auch manchmal den Wert von Pretiosen: Teures muß nicht unbedingt auch zur Verschönerung beitragen, aber Einfaches schmückt eine reiche Trägerin manchmal besser. Der Wertmaßstab des Schmükkens ist nur individuell meßbar.

Daß mit wachsender Prosperität der Schmuckumsatz steigt, zeigen folgende Zahlen:

1974 betrug der gesamte Schmuckumsatz in Deutschland einschließlich Schmuckuhren 4,3 Milliarden Mark. Goldschmuck wird immer mehr in höheren Feingehalten verlangt, mindestens 14 Karat=585 oder sogar 18 Karat=750. Die Beliebtheit von Platin und Weißgold nimmt zu. 875 Herstellerbetriebe von fertigem Schmuck beliefern 250 Grossisten, 1500 handwerkliche Goldschmiede und insgesamt 12 000 Einzelhandelsbetriebe mit 40 000 Beschäftigten. Wichtigste Standorte der Schmuckwarenindustrie sind Pforzheim, Idar-Oberstein, Schwäbisch Gmünd und Hanau; für Modeschmuck kommt Kaufbeuren (Neugablonz) hinzu. Bei der Schmuckwarenfertigung handelt es sich überwiegend um Mittel- und Kleinbetriebe zum Teil mit Handfertigung; 89% der Hersteller haben nur bis zu 49 Beschäftigte.

Zusammenfassend kann man für den Kauf von Schmuck als Geldanlage feststellen:

Mit Ausnahme von Modeschmuck und Schmuck aus unedlen Metallen sowie Glas und synthetischen Steinen ist der Kauf von echtem Schmuck in jedem Falle ein Sachwertkauf von bleibendem Wert.

Als Geldanlage mit Wertsteigerungseffekt eignet sich nur reiner schwerer Edelmetallschmuck aus Gold, Platin und deren Legierungen oder Edelmetallschmuck mit Hochedelsteinen oder Diamanten; je hochkarätiger, desto besser.

Als Wiederverkaufsobjekte sind Schmuck und Juwelen im allgemeinen nicht geeignet. Antike Juwelen sind nur bei musealem Status erstklassige Anlageobjekte.

Avantgardistischer Schmuck ist eine Sachwertanlage; Geldanlage nur bei höherem Wert an Edelmetallen und Steinen. Konservative Gestaltung ist bei höchstwertigen Juwelen zu empfehlen.

Da aber gerade beim Schmuckkauf ohne Anlageaspekt ein gesunder Individualismus obwalten soll nach dem Motto »Kaufen was gefällt«, soll jener Toleranz das Wort geredet werden, die ein prominenter Schmuckfabrikant, Artur Grosse, einmal in die Worte kleidete: »Nur in der Individualität können wir als Menschen überleben, und nur in der Individualität bewahren wir dem Leben seine lebenswerte Form.«

Geldanlage auf Schmuck-Auktionen

Auf Seite 94 dieses Kapitels wies ich bereits auf die Bedeutung von Schmuck-Auktionen für preisbewußte Geldanleger hin, die übrigens mit Pfand-Versteigerungen nicht das geringste zu tun haben. Bei diesen werden nicht wieder zurückgekaufte Pfänder, die meist geringen Wert haben, versteigert; bei Schmuck-Auktionen handelt es sich um freiwillige Versteigerungen von wertvollsten Pretiosen. Sie werden nur von großen internationalen Kunst- und Auktionshäusern meist in London, New York, Genf, Zürich, Berlin und anderen Großstädten der Welt veranstaltet und von einem internationalen Publikum besucht.

Neuerdings scheint auch Idar-Oberstein in den Kreis dieser Kunst- und Pretiosen-Auktionen aufgenommen zu werden; jedenfalls hat die Firma M. Perc-Peretz, Saarbrücken im November 1974 damit einen viel beachteten und sehr erfolgreichen Anfang gemacht.

Der große Börsensaal der Diamant- und Edelsteinbörse Idar-Oberstein bildete die Kulisse für diese Veranstaltung. Er wurde zu diesem Zweck in ein prunkvolles Museum verwandelt – mit kostbaren Gobelins und Teppichen, antiken Möbeln und Vitrinen sowie prachtvollen Blumen-Arrangements – eine Ausstattung, wie man sie anderwärts oft vermißt. Die vornehme Präsentation der Ware durch ein Team reizender Damen, die Perfektion des Apparats und der oft humorvolle Versteigerungsmodus des Auktionators Peretz machten die Veranstaltung zu einem spannenden Vergnügen.

Die Teilnehmer kamen aus ganz Deutschland und dem Ausland; sie hatten eine ganze Woche Gelegenheit, vor allem das Steinmaterial »unter die Lupe« zu nehmen. Dabei fand man die bei Auktionen oft beobachtete Tatsache bestätigt, daß in vielen antiken Schmuckstücken schlechte Steine enthalten sind, was vor allem auf Museums- und Kirchenschätze zutrifft. Daß dies durchaus keine Wertminderung zu bedeuten braucht, konnte man beim Zuschlag für solche Stücke feststellen. Übrigens war das gesamte Ausstellungsgut durch die Idar-Obersteiner beeidigten Sachverständigen für Edelsteine und von Professor Dr. Pense sowie Diplommineraloge Galia von den Idar-Obersteiner Instituten auf Wert und Echtheit geprüft worden, was für solche Auktionen gerade in Idar-Oberstein von größtem Vorteil ist.

Ich habe die Ware an Hand des überaus prächtigen und fast eine bibliophile Kostbarkeit darstellenden Farbkataloges des Hauses Peretz für diese Versteigerung Tage lang studiert, und zwar unter verschiedener Beleuchtung bei Sonnenlicht, künstlichem Licht und bei trübem Wetter. Als somit genauer Kenner der Ware und aufmerksamer Beobachter der Auktion habe ich den Eindruck gewonnen, daß die bewilligten Beträge für die Pretiosen gut angelegtes Geld sind. Wer – wie die mitsteigernden auswärtigen Juweliere – die Steine teilweise ausbrechen und gegebenenfalls umschleifen lassen wird, dürfte auf jeden Fall ein gutes Geschäft machen. Aber auch wer die Juwelen so tragen oder weiterverkaufen will wie sie sind, kann sich gratulieren. Insofern sind solche Schmuck-Auktionen von wirklich erstklassiger Ware als Kaufquelle für antiken Schmuck auf jeden Fall zu empfehlen. Für modernen Schmuck neuesten Datums würde ich den Erwerb beim Juwelier vorziehen.

In der zweiten Novemberhälfte 1974 gingen auch die großen Herbstversteigerungen der Häuser Sotheby-Parke-Bernet und Christie's in New York, London, Zürich und Genf über die Bühne, in Zürich im Bauraulac, in Genf im feudalen Richmond. Die Werte, die hier als »highly important jewels« und »magnificient jewels« (so hieß es in den Ankündigungen) aufgerufen wurden, lassen sich natürlich mit den Peretz-Pretiosen nicht vergleichen. Schließlich kommt zu diesen Terminen der Geldadel der ganzen Welt. Von dieser Seite her, aber auch vom Angebot war alles first class, doch die erzielten Erlöse hielten nicht das, was man sich versprochen hatte, und bei weitem nicht alles fand seine Käufer. Das zeigte sich bereits vorher, als der Red-Cross-Diamant, der vor einem Jahr bei Christie's in Genf unverkauft zurückging, wochenlang von einer Gübelin-Filiale zur anderen reiste und trotzdem für 4 Millionen Sfr nicht an den Mann zu bringen war.

Bei Peretz in Idar-Oberstein erreichten die dort angebotenen Fabergés zwischen 2000,– und 14000,– DM teilweise nicht einmal das Limit; in Genf gingen Arbeiten von Fabergé zwischen 70 000.– und 170 000.– Sfr weg, darunter eine mit Juwelen besetzte Golddose mit dem Miniaturbild von Zar Nikolaus II. und eine Bulldogge aus weißem Achat.

Schwarze Opale waren gefragt; einer in Form eines Papierdrachens im Gewicht von 175.9 Karat für 280 000.– Sfr, ein anderer, der »Pride of Queensland«, erst 1973 gefunden, für 260 000.– Sfr. Ein 9.14-karätiger Smaragd kam auf 410 000.– Sfr, zwei blauweiße Brillant-Solitäre auf 2,2 Mill. bzw. 2,9 Mill. Sfr. Weitere Diamantjuwelen lagen zwischen 800 000.– und 1,7 Mill. Sfr.

Ob in Idar-Oberstein jemals solche Objekte auch nur gezeigt, geschweige denn verkauft werden können, hängt von der weiteren Entwicklung der Peretz-Auktionen ab.

Ganz allgemein kann aber gesagt werden, daß Juwelen-Auktionen stets das Bild ihrer Zeit widerspiegeln. Die seit Jahren immens steigenden Erlöse für Spitzen-Objekte, aber auch für feine Juwelen sind nicht immer nur Liebhaberpreise, sondern auch Zugeständnisse an die Inflation, mit anderen Worten: Geldanlagen oder zumindest Wertsicherungen. Aber das gilt schließlich auch für den Schmuck- und Edelsteinkauf ganz allgemein.

Die Frage ist eben, ob Auktionen zu günstigerem Erwerb verhelfen als Käufe beim Juwelier, wenn man auch beide Einkaufsmöglichkeiten streng voneinander trennen muß. Was man beim Juwelier haben kann, und das ist meist Ware neueren Datums, ist kaum auf Auktionen zu sehen, und was dort versteigert wird, ist oft antike oder museale Ware. In Idar-Oberstein hat sich gezeigt, daß der Kenner, und das ist der Edelsteinkaufmann oder der Edelsteinschleifer, sich nur dann für ein Objekt interessiert, wenn dessen getaxter Wert seinen ganz nüchternen Preisvorstellungen entspricht, denn er kann den Wert der in ihm enthaltenen Steine exakt abschätzen. Für erstklassige Steine – und nur auf diese kommt es letzten Endes an, auch bei noch so prächtigen Fassungen –, legt er entsprechende Beträge an, für nicht erstklassige Steine hat er überhaupt kein Interesse. Sein einziger Maßstab ist Qualität, denn das ist auch der Maßstab für die ganze Edelsteinindustrie von Idar-Oberstein.

Auch unter diesem Gesichtspunkt war die erste Peretz-Auktion ein hochinteressantes Experiment, aus dem beide Seiten gelernt haben.

Wer sich für diesen Fragenkomplex interessiert, dem empfehle ich das Kapitel »Soll man Schmuck und Edelsteine auf Auktionen kaufen?« in meinem Buch »Wie kauft man Diamanten, Farbsteine, Perlen und Schmuck«.

XII

Edelmetalle

Dieses Buch befaßt sich im wesentlichen mit Edelsteinen und Schmuck. Da zu dessen Anfertigung Edelmetalle unentbehrlich sind, ist es unumgänglich, auch diese mit in unsere Betrachtungen einzubeziehen. Als das Gold Jahrzehnte lang 35 Dollar je Feinunze (31,5 Gramm) kostete, spielte sein Preis nicht die Rolle bei der Anfertigung von Schmuck wie dies heute der Fall ist, wo er zwischen 180 und 200 Dollar (Ende 1974) pendelt. Mit diesem rasanten Preisanstieg ist Gold in einem Ausmaß in die Anlagedispositionen einbezogen worden, wie dies bisher noch niemals beobachtet worden war. Die Goldspekulation spielte in der Tat verrückt, wie man zu sagen pflegt, und es gab Riesengewinne, aber auch Riesenverluste. Gold war 1973/1974 zeitweise so gefragt, daß die Banken ausverkauft waren. Die Goldnachfrage für Anlagezwecke ging so weit, daß sich sogar die Goldnachfrage für Schmuckzwecke zurückbildete. Hauptmotiv auch hier: Schutz vor Inflation. Die langfristige Anlage in Goldbarren (und Goldmünzen) erschien weniger riskant als die Anlage der Ersparnisse in Festgeld, das wenigstens und immerhin Zinsen brachte. Es galt als klug, 10% des Ersparten in Gold anzulegen.

Dazu muß man wissen, daß das »Sonnenmetall« der alten Ägypter knapp und nicht beliebig vermehrbar ist. Zur Knappheit kommt die unbegrenzte Haltbarkeit, wie man an den unversehrten goldenen Beigaben in den Gräbern der vor 5000 Jahren verstorbenen Pharaonen und Urvölker feststellen kann.

Da Gold ferner die Währungsgrundlage vieler Länder ist, schlägt sich im Streben nach Gold der Unglaube vieler Menschen an die Wertbeständigkeit von Papiergeld nieder. Viele Jahre hat das Gold in der Tat seinen Wert behalten, aber keine Rendite erbracht, bis dann plötzlich die Preissprünge für das Edelmetall das Anlagefieber entzündeten. Ist die Geldanlage in Gold zu empfehlen?

In wirtschaftlich normalen Zeiten halten sich Golderzeugung und Goldverbrauch etwa die Waage; mit wachsender Inflation wird das Gold knapp, weil dann die Produktion den Anforderungen nicht mehr nachkommt. Die Hauptförderländer sind Südafrika und Sowjetrußland.

Die Weltgoldproduktion (ohne Rußland) beträgt pro Jahr etwa 1200 Tonnen, der industrielle Verbrauch allein aber bis zu 1400 Tonnen, und er steigt jährlich um 4 bis 6%. Wenn nun noch, wie in den letzten Jahren, eine ungewöhnliche spekulative Nachfrage und Hortung hinzukommt, ist von einem Gleichgewicht keine Rede mehr, die Preise steigen und der Goldkurs explodiert. Als z. B. in Japan der bis dahin verbotene private Golderwerb im April 1973 wieder zugelassen wurde, mußte dieses Land binnen Monatsfrist 30 Tonnen Gold einführen.

Die sowjetrussische Golderzeugung wird auf 220 Tonnen geschätzt. Die vermuteten riesigen Schätze zwischen Ural und Amur sollen erst bei einem Goldpreis von 120 Dollar rentabel abgebaut werden können; sie werden bei diesem Preis auf etwa 22 Milliarden DM geschätzt. Die in Sowjetrußland vorhandenen geförderten Vorräte werden mit 12 Milliarden DM bewertet; diejenigen der indischen Fürsten in ihren Schatztruhen mit 100 Milliarden DM. In französischen Strümpfen und Safes sollen 40, in deutschen 25 Milliarden DM Gold liegen, deren Wert sich binnen Jahresfrist fast verdoppelt hatte. Die Zentralbanken und internationalen Organisationen besitzen etwa 36 000 Tonnen Gold, das ist etwa die Hälfte allen Goldes, das in den letzten 400 Jahren gefördert wurde. Wenn die Banken dieses Gold auf dem freien Markt verkauften, wäre dieser Schatz mindestens 360 Milliarden DM wert.

Es gibt Experten, wie z. B. Samuel Montague, der ein Ansteigen des Goldpreises auf 200 Dollar je Feinunze voraussagte. Der Amerikaner Harry Shultz spricht von 280 Dollar, Franz Pick sogar von 422 Dollar. Man kann sich ausrechnen, wieviel die genannten Währungsreserven der Industrieländer in Höhe von 36 000 Tonnen ergeben müßten, die auf dem Papier nach wie vor nur mit 42.22 Dollar bewertet werden. Es wären astronomische Ziffern, die in die Billionen gingen. Deshalb kann man wohl davon ausgehen, daß die Möglichkeit eines Verkaufs dieser Währungsreserven unrealistisch ist, auch wenn die USA 1975 den Anfang damit machten.

Deshalb könnte die Auffassung des Chairmans des zweitgrößten Goldproduzenten der Welt, McCall von der Consolidated Gold Fields Ltd. London wahrscheinlich sein, daß auch zukünftig vermutlich wie bisher etwa 1400 Tonnen Gold an den Markt kommen. Bei einem Preis von 160 Dollar/Unze wären dies etwa 19 Milliarden DM. Wenn davon die Hälfte von der Industrie absorbiert wird, verbleiben für private Anlagen ca. 9 Milliarden DM, und dies sei – so McCall, kein großer Betrag.

Wer glaubt, einen Teil seines Geldes in Gold umwandeln zu sollen, hat dazu folgende Möglichkeiten:

1. Goldbarren

Er kann Goldbarren kaufen, also Feingold in Barrenform, was einen Inflationsschutz auf kleinstem Raum darstellt, Diamanten und Edelsteine ausgenommen. Goldbarren können in zwei Standardgrößen am Bankschalter erworben werden, als 12,5-kg-Barren oder als 1-kg-Barren. Der 12,5-kg-Barren besteht aus Feingold in der Legierung von 995/1000 fein, also aus fast reinem Gold. Die Goldnotierungen können fast jeder Tageszeitung entnommen werden.

Der kleinere Goldbarren von 1 kg Gewicht hat 32.15 Unzen und ist noch reineres Gold als der 12,5-kg-Barren, nämlich 999/1000 fein. In Frankfurt kostete er Anfang Januar 1975 etwa 14500,– DM wozu in beiden Fällen in Deutschland noch die Mehrwertsteuer hinzukommt, die in letzterem Falle immerhin 1600,– DM beträgt. In England und der Schweiz fällt sie weg, wenn man das Gold dort läßt. Man kann es in genormten, extra für diese Zwecke geschaffenen Banken-Privat-Safes deponieren. Sollte man es schmuggeln wollen, so gibt es Standard-Goldwesten mit 20 Fächern für je einen Goldbarren. Natürlich ist das verboten oder man muß die Steuer nachentrichten.

Man sollte aber auch auf die Nachteile des Goldhortens hinweisen. Gold ist totes Kapital ohne jede Verzinsung. Nur mit steigender Inflation steigt auch sein Preis, und in diesem Falle ist es natürlich besser als Papiergeld. Der Goldbarrenpreis könnte sogar schneller als die Inflationsrate steigen, die an den Lebenshaltungskosten gemessen wird. Alle Verbrauchsgüter, insbesondere Lebensmittel, sind vergänglich; Gold bleibt Gold, und deshalb ist es zunächst ein Wertaufbewahrungsmittel.

Nur: Wer seit 1970 Goldbarren erwarb, konnte bis 1975 etwa 500% daran verdienen, das sind pro Jahr 100%. Ein Sparkonto brachte in derselben Zeit zwischen 8 und 13%, also zehnmal weniger, und die Zinsen mußten sogar versteuert werden. Gold blieb steuerfrei.

Bei Rückkehr zu normalen Währungsverhältnissen ist die Hortung von Gold sinnlos. Es bringt dann weder Zuwachsraten noch Zinsen.

2. Goldzertifikate

Statt Barrengold kann man Goldzertifikate kaufen. Sie sind Zahlungsversprechen über eine bestimmte Menge Edelmetall. Wer ein solches Zertifikat präsentiert, bekommt den Gegenwert in Goldbarren ausgezahlt. Goldzertifikate werden über Goldmengen von 20 Unzen (622 Gramm) oder einem Vielfachen davon ausgestellt, aber auch über ein Kilogramm Gold oder einem Vielfachen davon. Der Goldgehalt des dem Zertifikat zugrunde liegenden Goldes ist genau derselbe wie beim Goldbarren, also 995/1000. Die Zertifikate können bei der ausstellenden Bank, also praktisch an jedem Banktresen erworben oder verkauft werden. Der Eintausch ist kostenfrei.

Praktisch ist also der Kauf solcher Zertifikate genau dasselbe, als wolle man Gold kaufen, nur lassen sie sich leichter aufbewahren als Gold selbst. Aber auch das Zertifikat bringt keine Zinsen. Außer Landes bringen kann man es auch nicht, denn nicht in allen Ländern wird es eingelöst. Nicht in England, nicht in allen Ostländern. Außerdem könnten manche Länder den Umtausch ihrer Währung in fremde Valuta verbieten, wenn man nicht die Auslieferung in Barrengold verlangt. Der Vorteil des Kaufs von Goldzertifikaten für Deutsche liegt im Wegfall der Mehrwertsteuer, die beim Kauf von Gold zu zahlen ist.

3. Gold-Termingeschäfte

Statt solchen Zug-um-Zug-Goldan- und -verkaufs kann man auch Goldtermingeschäfte machen, sogenannte Gold-Futures, also Termingeschäfte in Goldbarren. Man kauft Gold, das erst in 3, 6, 9 oder 12 Monaten geliefert werden muß. Je nachdem, ob bis dahin der Goldpreis gefallen oder gestiegen ist, gewinnt oder verliert man Geld. Der Gewinn ist die Differenz zwischen dem beim Kauf vereinbarten Preis bei Lieferung auf Termin und dem am Liefertermin tatsächlich festgesetzten Preis. Terminkontrakte, die auf bestimmte Daten laufen, können in der Zwischenzeit jederzeit wieder verkauft werden. Ein Kontrakt läuft jeweils über 400 Unzen (12,5 kg). Für einen solchen Kontrakt im Werte von 65 000 Dollar verlangt die Warenbörse in Winnipeg, Kanada, die Winnipeg Commodity Exchange, welche die einzige Börse der Welt ist, die offizielle Termingeschäfte in Gold abwickelt, einen Kapitaleinsatz von 5000 Dollar. Ende 1974 ist noch eine zweite Warenbörse, die Commodity Exchange Inc. (Comex) in New York hinzugekommen, die Kontrakte schon über 100 Feinunzen vermittelt und die sich über eine Periode von 17 Monaten erstrecken können.

Die meisten Broker (Wertpapierbanken), die für ihre Kunden Goldgeschäfte in Winnipeg vermitteln, fordern jedoch einen höheren Einsatz, etwa 10 000 Dollar. Man kann aber nur den Rat geben, mindestens über den doppelten Betrag an freiem Geld zu verfügen; andernfalls sollte man die Finger von Goldgeschäften auf Terminbasis lassen.

Es ist hier genau so wie mit Devisentermin-Geschäften: Den letzten beißen die Hunde. Und die laufenden Bankpleiten, voran die Herstatt-Katastrophe, sollten vor Termingeschäften warnen. Selbst ein so erfahrener Terminhändler wie Danny Dattel von Herstatt mußte seine Spekulationen teuer bezahlen, und mit ihm Tausende von vertrauensseligen Kunden. Ich zitiere das Handelsblatt vom 16. 3. 1974:

»Gewinnchance und Verlustrisiko bei gold-futures unterliegen grundsätzlich den gleichen Spielregeln, die auch für andere Warentermingeschäfte gelten ... Als Folge der Tatsache, daß an Kapital nur 10 oder 15 % des Kontrakt-Gesamtwertes eingesetzt werden müssen, ergibt sich der berühmte Hebeleffekt. So können innerhalb ein, zwei oder drei Wochen 50 oder auch 100 % Gewinn auf das eingesetzte Kapital erzielt werden oder der gleiche Verlust, wenn die Reise nach unten geht. Termingeschäfte sind ausgesprochen spekulativ.

Aber Gold nimmt unter allen Warentermingeschäften, ob nun mit Silber, Kupfer, Kaffee, Roggen usw. eine Sonderstellung ein. Bei Gold ist das Risiko relativ begrenzt. Die Kurse für Gold-Termine in Winnipeg richten sich in ihrer Entwicklung streng nach den täglichen Notierungen an den großen Goldmärkten in London und Zürich. Nach unten ist nur ein sehr geringer Spielraum vorhanden, denn man weiß, daß der offizielle Goldpreis, zu dem die Notenbanken Goldtransaktionen untereinander abrechnen, in der EG von 42 Dollar auf 150 Dollar erhöht wird oder daß sich der Internationale Währungsfond in einem neuen langfristigen Abkommen bereit erklärt, Gold von Südafrika zu einem Preis von 150 Dollar je Unze zu kaufen, falls der Preis am freien Markt sich anschickt, unter diese Grenze zu rutschen. Wenn dies zutrifft, wird auch der Goldpreis am freien Markt die 150 Dollar je Unze nicht mehr unterschreiten... Angesichts der Prognosen von Goldexperten (vgl. oben) gehen immer mehr Banken und Vermögensberater auch in der Bundesrepublik dazu über, ihrer Geldanlage suchenden Kundschaft zu empfehlen, ein Viertel des liquiden Vermögens in Gold anzulegen.«

Vieles spricht dafür, diesem Rat ganz oder teilweise zu folgen. Nur ist zu berücksichtigen, daß eben dieselben Bank- oder Vermögensberater noch vor zwei Jahren ihren Kunden den Rat gaben, Aktien zu kaufen. Damals gingen noch die Kurse in die Höhe, und niemand wollte den Zug verpassen. Wer Aktien kaufte, ob deutsche oder internationale, sitzt heute auf der Hälfte ihres damaligen Wertes. Hätte man dagegen sein Geld auf Festkonten angelegt, könnte man Jahr für Jahr 8 bis 12% Zinsen einheimsen und hätte nominal keinen Pfennig verloren.

Wenn diejenigen, die zu Edelmetallspekulationen raten oder Goldkäufe empfehlen, recht behalten, so werden alle, die ihren Rat befolgen, nach der eines Tages mit Sicherheit fälligen Weltwährungsreform als die wahrscheinlich Reichen übrig bleiben. Nur eine einzige Möglichkeit gibt es, den Goldboom zu bremsen oder sogar ganz trokkenzulegen: Eine Abkühlung der Inflation. Wenn die Welt wirklich wieder zu einem normalen Wirtschaftswachstum, zu einer vernünftigen Zinsrate und damit zu einer Konjunkturbesserung zurückkehren sollte, wird kein Hahn mehr nach Gold krähen. Das Verflixte ist nur, daß nicht einmal der Klügste auf dieser Welt den künftigen Kurs der Wirtschaft voraussagen kann oder vorauszusagen wagt, denn eine so undurchsichtige Situation wie die gegenwärtige hat es bisher noch kaum gegeben. Sie ist bedingt durch die nach dem zweiten Weltkrieg eingetretene Integration der einzelnen Volkswirtschaften zur Weltwirtschaft. Sie ist und bleibt unser Schicksal. Es ist deshalb die Pflicht aller Regierungen, diese Weltwirtschaft als Faktum anzuerkennen, nationale Eigenbröteleien zu unterlassen und eine einheitliche Wirtschafts- und Weltwährungsordnung zu vereinbaren. Dann wird auch die Angst um die Werterhaltung unseres Geldes verschwinden und der einzelne Mensch wird nicht mehr ängstlich nach Möglichkeiten suchen müssen, sein schwer verdientes Geld in Sachwerten anzulegen.

4. Platin

Zu denjenigen Edelmetallen, die für die Schmuckherstellung unentbehrlich sind, gehören Platin und Silber. Ein Gramm Platin kostete 1963 noch 11,40, 1964 19,40 DM und 1970 20,50 DM. Seitdem sank die Notiz wieder, so daß man im Januar 1974 ein Gramm für 16,90 DM kaufen konnte, während es bis zum 2. Januar 1975 auf 16,55 DM fiel. (Am gleichen Tag kostete ein Gramm Gold 14,50 DM.) Damit liegt Platin noch unter den Notierungen von 1970 und sogar von 1964. Hier könnten sich für den Geldanleger Chancen eröffnen, denn 1963 war Platin doppelt so teuer wie Gold.

Platin wurde bisher von der Sowjetunion, Südafrika und Kanada zu etwa gleichen Teilen erzeugt; Deutschland nimmt unter den Produzenten den letzten Platz ein (1973: 135 kg). Inzwischen ist Südafrika mit 1,5 Millionen Feinunzen jährlich der bedeutendste Platinerzeuger geworden, und von dort bezieht die Bundesrepublik auch den größten Teil ihres Verbrauchs von etwa 6000 kg Platin jährlich. 1973 betrug die Einfuhr 9246 kg im Wert von 207,5 Millionen DM, ausgeführt wurden 3612 kg in Form von Rohmetall, Halbzeug und Legierungen.

Für die Juwelenfertigung ist Platin unentbehrlich, vor allem in bestimmten Legierungen. So ist die Platin-Osmium-Iridium-Legierung so hart, daß sie hauchdünne Fassungen zuläßt. Man hat bei ihr den Eindruck, daß es sich um »Juwelen ohne Fassung« handelt, daß sie also scheinbar nur aus Edelsteinen und Diamanten bestehen, was insbesondere beim Royal-Pavé-Stil zur Geltung kommt. Punziert wird Platin mit Pt 950 oder einfach mit 950, d. h., die Fassung hat den Feingehalt von 95 %.

5. Silber

Silber ist streng genommen kein Edelmetall. Silberschmuck gehört zum sogenannten Kurantschmuck ohne Anlagewert. Dennoch hat sich seit nahezu 2600 Jahren die Menschheit bevorzugt dem Silber als finanzieller Sicherheit zugewandt – wegen seiner Schönheit, seines Nutzens, seiner Dauerhaftigkeit und seiner Verarbeitungsfähigkeit.

Außerdem ist Silber nicht beliebig vermehrbar. Es kann deshalb ein zuverlässiger Schutz gegen Geldentwertung sein. Andererseits fällt, anders als beim Gold, während einer Rezession der Silberverbrauch stark ab, was sogar seinen Preis mindern kann. Daß eine Geldanlage in Silber dennoch empfehlenswert sein kann, zeigen folgende Zahlen.

Eine Partie US-Silbermünzen mit einem Nennwert von 1000 Dollar, am 1. Januar 1973 zum Marktpreis von 15.80 Dollar gekauft, erbrachte bis zum 1. Januar 1974 einen Nettogewinn von 42,4%. Natürlich kann man auch Silber in Barren kaufen, die von den Scheideanstalten, z. B. von der DEGUSSA, mit dem Legierungsstempel von 999 gegossen werden. Man kann sie am Bankschalter erwerben. Einschließlich der Mehrwertsteuer beträgt der Aufpreis etwa 22%. Folglich muß der Verkaufspreis für Barrensilber um diese Marge erst einmal steigen, damit man plus minus Null verbleiben kann. Außerdem bringt der Besitz keine Zinsen. Rechnet man mindestens 8% hinzu, steigt die Risikorate auf 30%, die sich nur dann um 11% Mehrwertsteuer vermindert, wenn man die Barren im Ausland kauft und sie dort ins Depot legt.

Die Geldanlage in Silber ist folglich langfristig, aber verhältnismäßig wertbeständig, und sie kann jederzeit flüssig gemacht werden. Silbertermingeschäfte dagegen eignen sich nur für Spekulanten, die einen extrem hohen Einsatz in kurzer Zeit wagen wollen. Hierzu ist jedoch ein Studium des nach eigenen Gesetzen operierenden Silbermarktes unerläßlich. Interessenten für Silber-Geldanlagen können sich zwecks Information an die DEGUSSA Abt. Öffentlichkeitsarbeit in Frankfurt wenden.

XIII

Goldmünzen

Goldmünzen sind beliebte Geldanlagen, weil sich Wertbeständigkeit mit dem Sammlereffekt paart. Man kann sie sogar als Schmuck tragen, wofür die Juweliere passende Fassungen bereit halten. Kommerziell kommt es, wenn auch nur theoretisch, auf den effektiven Goldwert an, den man errechnen kann, wenn Einkaufspreis durch Feingoldgehalt dividiert wird.

Mit der Goldpreis-Explosion ist auch der Preis für Münzen enorm gestiegen, wie folgender Tabelle zu entnehmen ist.

Münze	Land	Feingewicht in Gramm	Juni 1972 DM	Nov. 1974 DM
100 Pesos	Chile	18,30	155,–	365,–
20 Mark Wilhelm II.	Deutschland	7,16	96,57	215,–
1 Pfund Elizab. II.	England	7,32	51,50	183,–
20 Franken	Frankreich	5,80	49,95	191,–
50 Pesos	Mexiko	37,50	283,–	693,–
100 Kronen	Österreich	30,49	224,–	538,–
20 Franken	Schweiz	5,80	55,–	192,–
Krüger Rand	Südafrika	31,10	215,–	590,–
20 Dollar	USA	30,09	257,–	790,–
10 Dollar	USA	15,04	152,–	430,–
5 Dollar	USA	7,52	124,–	278,–

Für den Erwerb von Goldmünzen empfiehlt sich die Beratung durch Fachleute, wenn man nicht selbst Sammler und Kenner ist. Seitdem 1954 der Handel mit Goldmünzen bei uns freigegeben ist, sind äußerst geschickt nachgemachte Falsifikate im Umlauf. Bei sogenannten Okkasionen aus Privatbesitz fragt man am besten beeidigte Sachverständige, welche die Handelskammern gern benennen.

Besonders gefragt sind ausländische Goldmünzen, die noch als Zahlungsmittel im Umlauf sind und die man deshalb mehrwertsteuerfrei kaufen kann. Als Beispiel diene der Krüger Rand. Er hat einen Feingehalt von 31,10 Gramm, also etwa soviel wie eine Unze. Eine Unze Feingold kostete Jahrzehnte hindurch 35 Dollar. Heute kostet die Unze zwischen 180 und 190 Dollar, also etwa 410,– DM, der Krüger Rand aber wird in der englischen Provinz schwarz mit 720,– DM bezahlt, weil Münzen dort vorläufig noch die einzig mögliche Form einer Goldanlage sind. Die offizielle Notierung der Krüger Rand-Münze in Deutschland betrug im Juni 1972: 215,– DM, im November 1974: 590,– DM.

Wenn man die oben genannten drei Gesichtspunkte als Beurteilungsmaßstab für eine Geldanlage in Münzen heranzieht, so ist diese Anlageform zu empfehlen. In den letzten Jahren vor der Goldpreisexplosion hat sie zum mindesten keine Verluste gebracht, sondern den Geldwert erhalten. Seitdem haben sich analog dem Goldpreis auch die Münzen so erhöht, daß eine ungewöhnliche Rendite erzielt wurde, wie aus der Tabelle ersichtlich ist.

Auf einen Sonderfall muß noch hingewiesen werden, der eine gute Anlage zu werden verspricht. Es handelt sich um die zwei Goldmünzen Israels. Eine davon, die David Ben Gurion-Gedenkmünze, ist im Januar 1975 in einer Auflage von 53 500 Stück herausgebracht worden. Bereits die Bezugsrechte wurden von US-Händlern mit Aufschlägen von 200 % honoriert. Die Preise werden besonders in USA weiter anziehen, weil Israel eine Erhöhung der Auflage abgelehnt hat.

Die israelische Gedenkmünze »Laß mein Volk ziehen«, 1972 mit 10 000 Stück für 420 isr. Pfund ausgegeben, wird heute mit 2900 isr. Pfund oder 620 Dollar bezahlt. Käufer sind vor allem die 6 Millionen Juden, die in USA leben. Auch hier dürfte der Preis weiter stark anziehen.

Wenn der Ankauf von Goldmünzen empfehlenswert sein kann, so ist das bei Goldmedaillen nur bedingt der Fall. Diese sind fast ausschließlich private Prägungen, auch wenn sie von einer staatlichen Münze im Lohnverfahren geprägt werden. Sie haben keinen regulären Markt; ihr Wiederverkauf ist meist nur zum Schmelzwert möglich. Deshalb stellen sie für den Käufer nur eine Anlage zum Goldwert dar, der in den meisten Fällen etwa 50 % des Kaufpreises beträgt. Allerdings gibt es auch Medaillen von besonders künstlerischem und ideellem Wert; ihr Ankauf soll keinen Anlage-, sondern Kunst- oder Erinnerungswert haben.

Unter dem Titel »Wie sammelt man Münzen« hat Horst Winkowsky ein empfehlenswertes Büchlein veröffentlicht (München 1974, Ernst Battenberg Verlag, 154 Seiten, 9,80 DM).

XIV

Diamanten- und Goldaktien

Es liegt nahe, statt Diamanten Aktien einer Diamantmine und statt Gold solche einer Goldmine zu kaufen, wozu auch Börsenbriefe und andere Meinungsmacher immer wieder raten. Wir wollen deshalb einen kurzen Blick auch auf diese Möglichkeit einer Geldanlage werfen und dafür je ein Beispiel anführen.

In einigen zentralafrikanischen Ländern gibt es kleinere Diamantminen. Das Weltunternehmen dieser Branche heißt aber De Beers Consolidated Mines Limited mit der Hauptverwaltung in Kimberley, Südafrika. Vorstand ist Harry Oppenheimer, der Sohn des Firmengründers Sir Ernest Oppenheimer, unter dessen riesigem Ölgemälde er von seinem Schreibtisch aus ein Imperium regiert, zu dem auch die riesenhafte Anglo American Corporation of South Africa gehört, die Muttergesellschaft von De Beers.

Die an den Börsen von Südafrika, London, Zürich, Tokio und New York notierte Aktie zählt zu den sogenannten Glamour-Werten, zu den Blue Ships, also zu den feinsten Papieren des Erdballs. Wegen der mit kleineren Unterbrechungen fast ausschließlich steigenden Diamantenproduktion konnte man die Aktie in den vergangenen Jahren als beinahe risikolose Geldanlage betrachten. Die unvorstellbar hohen Reserven (z. B. 1966 bei 21 Mill. Rand Grundkapital fast 300 Mill. Rand Reserven!) garantieren einen unerhört hohen inneren Wert des Papiers. Allein 1973 erhöhte sich der Nettogewinn um 46 % auf 237 Mill. Rand und der Ertrag pro Vorzugsaktie stieg von 45,2 Cent auf 66,1 Cent, die Dividende von 18 auf 24 Cent. Die Diamantenverkäufe erhöhten sich um 40,5 % auf 921 Mill. Rand, die Diamantproduktion um 200 000 Karat auf 10 823 000 Karat. Nettoinvestitionen und Umlaufvermögen betrugen Ende 1973: 752 Mill. Rand.

Angesichts dieser glänzenden Verfassung ist die ständige Zurückbildung der Kursnotierungen für den Konzern an den Weltbörsen unverständlich.

Noch während der 1971er Rezession in den USA fiel der Kurs in London von seinem damaligen Höchststand von 595 p auf 200 p zurück, erholte sich jedoch bis zum 5. 7. 1973 wieder auf 410 p. Am 17. Dezember 1974 erreichte er einen sensationellen Tiefstand von 96 p, nachdem er noch vor einem Vierteljahr vorher um 200 p notierte.

Als Gründe hierfür werden in Börsenkreisen die Bedrängung von De Beers durch die Russen (Handelsblatt vom 20. 3. 1973), der billigere Einkauf russischer Diamanten in Moskau um 10 bis 20%, die Produktionskostenerhöhung angeführt, die sich seit 7 Jahren bei 4.4 Rand je Karat hielten, sich aber auf Grund von Lohnaufbesserungen für die eingeborenen Grubenbelegschaften ergeben hätten. (Handelsblatt ebenda.) Schließlich, daß »gegen den weltumspannenden Diamantenkonzern in USA ein Antitrustverfahren« laufe. (Handelsblatt vom 23. 7. 1974.)

Ob diese Gründe für den sensationellen Kursrutsch zutreffen oder nicht, wird ein Außenstehender kaum beurteilen können. Aus De Beers nahestehenden Kreisen hört man vielmehr, daß die allgemeine Börsenlage für die Rückgänge fast aller Aktien verantwortlich sei. Wie auch immer – es muß jeder Anlager selbst entscheiden, ob unter den gegebenen Umständen der Erwerb der Aktie eine zukunftsträchtige Geldanlage darstellt. Bisher jedenfalls ist jede Talfahrt des Papiers abgelöst worden durch eine Kurserholung, und man könnte auch argumentieren, daß man eine Flaute zum Einstieg benützen sollte.

Im Gegensatz zu den raren Diamantaktien gibt es eine ganze Anzahl von Goldminen, deren Aktien international notiert werden, so z. B. in Südafrika diejenigen der Western Deep Levels, der Western Holdings, der West-East Driefontain sowie der südafrikanischen Goldtrusts Armgold und Cons. und Gold Fields Ltd., London. Die Aktienkurse dieser Gesellschaften steigen und fallen analog den Goldpreisen. Ein gutes Beispiel hierfür ist der Kurs der zuletzt genannten Consolidated Gold-Fields, deren Aktien im Sommer 1974 in den amtlichen Handel der Frankfurter Wertpapierbörse eingeführt wurden, und zwar zum Kurs von 13.5, der auch Anfang 1975 noch notiert wurde.

Als Ergänzung soll noch die Kursentwicklung der französischen Goldanleihe zu 4,5% von 1973 erwähnt werden, die bekanntlich vom damaligen Finanzminister Giscard d'Estaing als Nachfolgerin der Goldanleihe von Pinay unter neuen Konditionen aufgelegt worden war. Der Manager des »Experten-Depots« des Handelsblattes betrachtete diese Goldanleihe als eine der attraktivsten und preiswertesten Goldengagements. Die Preisentwicklung dieser Anleihe, so schrieb er am 22.2.1974, »ist nämlich über eine Goldindexklausel an die tägliche Notiz des französischen Goldstücks Napoleon gekoppelt. Auf Grund des enormen Preisanstiegs für die Napoleon-Goldmünze... hat sich der amtliche Rückzahlungspreis für die Goldanleihe inzwischen auf über 565.– F erhöht. Mit einem weiter ansteigenden Goldpreis bietet diese Goldanleihe ein relativ sicheres und überdurchschnittliches Kurspotential.« Der Depotmanager meinte, es sei ein Kursanstieg bis zu 700.– F möglich. Der Einstandspreis am 1.3.1974 betrug 490.– F.

Der Geldanleger tut jedoch gut daran, sich bei Einsatz seines Geldes für Goldaktien und Goldanleihen an die Voraussetzung, nämlich den Goldpreis, zu erinnern. Die beste Goldmine kann unrentabel werden, wenn die Schürfkosten nicht mehr durch den Goldpreis gedeckt werden. Dessen Entwicklung vorauszusehen ist selbst den routiniertesten Experten nicht möglich. Und gerade in der Goldspekulation sind schon Vermögen untergegangen.

Anhang

Die deutsche Edelsteinschleifer-Stadt Idar-Oberstein

Viele meiner Leser werden nach dem Studium dieses Buches noch einen Blick in die Stadt werfen wollen, in der die Edelsteine geschliffen werden. Es ist Idar-Oberstein, das durch großzügige Werbemaßnahmen und durch die Errichtung der Diamant- und Edelsteinbörse seinen Ruf, den es unter den Branchen-Angehörigen der Welt schon lange besitzt, auch in der ganzen schmuckliebenden Bevölkerung Deutschlands und weit darüber hinaus verbreitet hat. Heute ist der Name der Stadt, wie man angesichts der riesigen Touristenströme leicht feststellen kann, in aller Munde. Allein 6000 Busse steuern die Stadt jährlich an!

Ich selbst bin seit über vier Jahrzehnten hier ansässig, war lange Jahre Chef der Industrie- und Handelskammer, der Edelsteinausstellung und einiger Fachverbände der Branche, habe Bücher und ungezählte Veröffentlichungen über diese Stadt und ihr Gewerbe verfaßt. Sie sind mir infolgedessen bis ins einzelne und bis in die letzten Verästelungen bekannt und vertraut, und deshalb glaube ich legitimiert zu sein, über sie noch einiges zu sagen, was mit der Konzeption dieses Buches in Zusammenhang steht. Wer, hierdurch angeregt, Lust verspürt, weiteres und vor allem Geschichtliches über diese einzigartige Stadt zu erfahren, der vertiefe sich in die hervorragende Schrift von Klaus Eberhard Wild »Das ist Idar-Oberstein« (vgl. auch Literaturverzeichnis).

Es ist eine bezaubernde, romantische und liebenswerte Stadt, dieses Idar-Oberstein. Bezaubernd wegen seiner Erzeugnisse, der Edelsteine und des Schmucks, romantisch wegen seiner beglückenden Landschaft, seiner engen Täler und Höhen, seiner Burgen und Wälder, und liebenswert endlich wegen seines Menschenschlags, auf den ich noch näher eingehe. Wenn ich dabei seinen Frauen, nicht nur wegen ihrer frischen fröhlichen Natürlichkeit, sondern auch wegen ihrer sprichwörtlichen Eleganz ein Kompliment mache, so ist diese nicht nur in den Edelsteinen begründet, die sie mit Anmut und Würde tragen. Vielleicht ist eine der Ursachen ihres unnachahmlichen Selbstverständnisses im Sport zu suchen, dem man hier in allen Disziplinen begeistert huldigt – Reiten, Turnen, Schwimmen, Wandern, Tennis, Gymnastik und Yoga werden im Landkreis Birkenfeld vor allem bei den Frauen ganz groß geschrieben.

Erste Eindrücke von der Stadt

Ganz gleich, aus welcher Himmelsrichtung man Idar-Oberstein aufsucht – man ist sofort gefangen von den Besonderheiten seiner Landschaft. Wenn man in der schönen Jahreszeit mit dem Wagen aus Westen, aus dem Saarland und von Oberbrombach und dann von der Algenrodter Höhe erstmals freien Blick weit hinein ins Land und dann tief hinunter in den Idarer Talkessel hat und auf die gegenüberliegenden Höhenzüge, die Lay, die Göttschieder Heide und den fernen Westrich, verschlägt es einem buchstäblich den Atem: Dieses Häusermeer im Idar-Tal, das den Höhen immer mehr Gelände abtrotzt, die hochragende Börse in der Mitte, und alles in Grün gebettet, alles in offener Bauweise, wohlproportioniert, ohne Fabrikschornsteine – dieser erstmalige Anblick Idars, so bestätigen alle Fremden, ist unerwartet und berauschend. Und dies nicht nur am Tage, sondern auch nachts, wenn Idar ein einziges Lichtermeer ist. Selbst Einheimische zieht es an schönen Sommerabenden da hinauf, vor die Tore der Straßburg-Kaserne, um den einmalig schönen Blick auf die Stadt zu genießen.

Der gleichen nicht erwarteten Überraschung erliegt man, wenn man, von der Autobahn Ludwigshafen-Kaiserslautern kommend, über Kusel und Baumholder auf einer neu erbauten, brückenreichen Bundesstraße, durch die »Nahe-Loreley« hindurch bis zur Klotzberg-Kaserne fährt. Der Blick – etwa vom Hause des unvergessenen Katasteramts-Direktors Dilg auf Oberstein, ins tief eingeschnittene Tal von Nahe und Idar-Bach, auf den Pfaffenwald, die Naßheck, Hohl und Finsterheck, die Hochhäuser und das elegante Villenviertel von Göttschied, den architektonischen Meisterbau der neuen Krankenanstalten, die riesigen Wälder des Freiherrn von Schorlemer und die Winterhauch – das alles ist einmalig und bezaubernd.

Kommt man dagegen aus nördlicher Richtung auf der Autobahn bis Wittlich über das entzückend-mittelalterliche Bernkastel-Kues oder auf der B 327, das ist die Hunsrückhöhenstraße, durch den hohen Hunsrück, den herrlichen Idar-Wald, den Schwarzwälder Hochwald nach Idar-Oberstein, so erreicht man zunächst das schmucke Tiefenstein, einen der schönsten Stadtteile von Idar-Oberstein, mit seinem durch Bürgerinitiative gebauten Edelsteinbrunnen, um dann unmittelbar im Zentrum von Idar zu landen.

Für das Reizvollste aber halte ich die Einfahrt mit der Eisenbahn aus östlicher Richtung, aus dem Kölner und Frankfurter Raum. Sie ist ein unvergeßliches Erlebnis. Sobald der Zug hinter dem riesigen Nachschublager der Amerikaner den Tunnel durch die »Gefallenen Felsen« verläßt, verlangsamt er seine Fahrt, und man kann in aller Ruhe diese Felsbrocken cyklopischen Ausmaßes bewundern, die in grauer Vorzeit in die Tiefe rutschten. Es folgen dann die an den Grand Canyon erinnernden schroffen Steilabstürze jenseits der Nahe, und nun rollt der Zug auf hohem Damm majestätisch an einem märchenhaften Panorama vorüber. In weitgespanntem Bogen gleitet die City von Oberstein vorbei. In der Tiefe die Nahe, jenseits, hoch in den senkrecht abstürzenden Felsen gekuschelt, die berühmte Felsenkirche, darüber das alte und das neue Schloß in stolzer Höhe, die Gassen und engen Straßen Obersteins, die sich bis weit hinauf in den Pfaffenwald ziehen. Dort kann man die neu erbauten Villen der »Uwersteiner Grafe« erblicken. Ich kenne keine Stadt, die – vom Eisenbahnfenster aus betrachtet – einen so nachhaltigen Eindruck hinterläßt wie Idar-Oberstein.

Fehlende Autobahn

Nachdem ich somit in meinen Lesern sicherlich den Wunsch geweckt habe, diese Stadt näher kennenzulernen, darf und kann ich als gewissenhafter Chronist nicht verschweigen, daß, wie auch anderwärts, auf den Zufahrtswegen nach Idar-Oberstein nicht alles Gold ist, was glänzt. Mehr noch, daß für den Autofahrer die letzte Dreiviertelstunde von vielen, vielen Besuchern als Zumutung bezeichnet wird; eine Feststellung, der ich nicht widersprechen kann. Weit herangereiste Teilnehmer der ersten Idar-Obersteiner Kunst- und Schmuckauktion im November 1974 erklärten mir, wenn sich das nicht ändere, würden sie die geplanten weiteren Auktionen, die für Stadt und Börse größte Bedeutung haben, nicht mehr besuchen. In der Tat, seit 25 Jahren warten wir auf die schon im Jahre 1938 trassierte Autobahn Landstuhl-Kusel-Trier, die dem Landkreis Birkenfeld und der Stadt Idar-Oberstein den Anschluß an das deutsche und internationale Autobahnnetz bringen soll. Seitdem wird sie im Schneckentempo, fast Meter um Meter, gebaut, aber Birkenfeld mit neuen Industriewerken und vor allem Idar-Oberstein sind noch lange nicht erreicht, obwohl die Weltzentrale für Edelsteine sich auch später ohnehin nur mit einem Zubringer ab Nohfelden, 20 Minuten Autofahrt, begnügen muß. Nun soll es zwischen 1976 und 1980 soweit sein. Bis dahin müssen sich unsere Besucher mit überfüllten und zum Teil unzumutbaren Straßen vor allem im Raum Baumholder begnügen, um uns ab Kusel oder Freisen in dreiviertelstündiger Fahrt zu erreichen. Die B 41, die ehemals sogenannte »Montanstraße« aus den Räumen Frankfurt-Mainz hat, nur zweispurig, zu bestimmten Zeiten, vor allem auch durch militärischen Verkehr eine Rekordbelastung aufzuweisen. Auch von der Autobahn Dernbacher Dreieck-Koblenz-Trier, die man in Wittlich verlassen muß, benötigt man dreiviertel Stunden nach Idar-Oberstein, ebenfalls ohne jeden Zubringer. Wenn man Pech hat, halten zwei Bahnschranken einen nochmals 15 Minuten auf. Selbst wenn die Autobahn bis Trier weitergebaut wird, ändert dies nichts daran, daß man sie eben in Wittlich verlassen muß. Nur wenige Städte von der Bedeutung Idar-Obersteins haben einen so miserablen Autobahnanschluß, was nicht gerade für die Einsicht der zuständigen Stellen in die Weltbedeutung unserer Stadt spricht. In dieser Beziehung ist die Diamantbörse Frankfurt nicht zu schlagen. Wenn die internationale Edelsteinbörse Idar-Oberstein konkurrieren will, muß sie allseits auf schnellsten Wegen erreichbar sein, auch durch einen Flugplatz. Vielleicht ist auch dieser Hinweis ein kleines Mosaiksteinchen, das – multipliziert durch die Vielzahl der Leser dieses Buches – die zuständigen Stellen zu schnellerem Handeln veranlaßt.

Soweit also die Anreise nach Idar-Oberstein, deren (natürlich trotz allem nicht unerträglichen und durch landschaftliche Schönheiten gemilderten) Mühsale belohnt werden durch die Annehmlichkeiten, die dem Reisenden in unserer Stadt winken.

Stürmische Aufwärtsentwicklung

Wer sie, wie ich, seit über 40 Jahren bewohnt, kann immer wieder über die ungewöhnliche Aufwärtsentwicklung in dieser Zeitspanne nur staunen. Natürlich gab es auch in der Vergangenheit solche Zeitspannen, in denen die Stadt große Sprünge nach vorn machte, wie die Opalzeit, die Onyxzeit usw. Natürlich war auch früher schon die Stadt reich an Millionären; man sagt, sie habe — gemessen an der Einwohnerzahl — die meisten aller deutschen Städte gehabt. Natürlich gab es auch früher schon prächtige Bürgerhäuser in der Stadt, die sich in Stil und Ausstattung durchaus mit Meerbusch, Lindenthal oder der Elbchaussee messen konnten. Man denke an das Purper-Schlößchen, den Wohnsitz des früheren Perlenhändlers Purper, an das Haus Veeck, das heutige Park-Hotel, an die fashionablen Jugendstil-Villen des Perlenhändlers Walter Becker und des früheren Handelskammerpräsidenten Ernst Falz oder an die beiden von Schultze-Naumburg geschaffenen palaisartigen Wohnsitze der Familien Arthur Purper und Fritz Wild aus dem Constantin-Wild-Zweig (Wilds gibt es über zweihundert in der Stadt!). Daß manche unserer Bürger sogar Besitzer auswärtiger mittelalterlicher Burgen und Schlösser sind, sei nur Interesses halber vermerkt. Daß dennoch persönliche Bescheidenheit und Anspruchslosigkeit in allen diesen »reichen« Familien zu Hause sind, entspringt alter bewährter Tradition.

Ich erinnere mich eines früheren Vizepräsidenten meiner Kammer, eines wohlhabenden Obersteiner Fabrikanten, der Jahrzehnte lang im Dachgeschoß seines langgestreckten Fabrikgebäudes wohnte, ohne sich das geringste zu vergeben. Sein Sohn und Nachfolger nennt jetzt eines der prächtigsten Anwesen hoch oben am Pfaffenwald sein eigen. Für beide, Vater und Sohn, gingen und gehen die Belegschaften der Fabrik durchs Feuer; das Vorbild macht's!

Dies ist ein — beliebig vermehrbares — Beispiel für den atemberaubenden Wandel, der sich in dieser Stadt seit vier Jahrzehnten vollzogen hat. Ganz neue Villenviertel in Stadt und Land sind entstanden, die umliegenden Orte haben sich vom Dorf zu herrlichsten Wohngebieten gemausert, von Architekten mit Herz für »schöner Wohnen« entworfen. Aber auch riesige Siedlungen von Baugenossenschaft und Kreissiedlungsgesellschaft sind entstanden, die sich bis hoch hinauf in den Neuweg und an die Finsterheck erstrecken — man hat den Eindruck, daß der Drang zum Eigenheim nirgends so pressiert wie in dieser Stadt der Edelsteine und des Schmucks. Diese sind übrigens Gegenstand der Heimarbeit in vielen dieser schmucken Häuschen. Heimarbeit ist hier seit eh und je zu Hause, vor allem seit Einführung der Elektrizität und damit der Unabhängigkeit von Fabrikräumen.

Monostruktur einer Stadt

Idar-Oberstein weist eine eigenartige industrielle Monostruktur auf — sie lebt praktisch von Edelsteinen und Schmuck. Es gibt hier über 800 Betriebe, die mit Edelsteinen und einige hundert, die mit Schmuck zu tun haben, und insgesamt sind etwa 10 000 Menschen damit beschäftigt. Die Stadt hat 38 000 Einwohner, aber etwa 12 000 davon leben in den ländlichen Stadtteilen, die erst vor einigen Jahren eingemeindet wurden. Etwa die Hälfte der Innenstadtbewohner, in der ein großer Teil der Edelstein- und Schmuckbetriebe ansässig ist, lebt somit ausschließlich von dieser Industrie und ist mit ihr, wie man so schön sagt, auf Gedeih und Verderb verbunden. Wenn man dann die mittelbar von ihr abhängigen Geschäftszweige, wie die Zuliefererbetriebe, das Hotel- und Gaststättengewerbe hinzunimmt, so ist diese Monostruktur wohl hinreichend umschrieben.

Die Eigenart der Edelsteinindustrie bringt es mit sich, daß es sich im wesentlichen um Kleinbetriebe, oft nur Familienbetriebe, handelt, deren gewerblichen Charakter man von außen gesehen vielfach gar nicht wahrnimmt. Oft sind es mehr oder weniger elegante Villengrundstücke mit hübschen Gärten, und nur das meist unauffällige Firmenschild (erst seit allerjüngster Zeit gestaltet man es auffälliger) weist darauf hin, daß sich hinter der schönen und manchmal prächtigen Fassade einiges tut, von dem der Außenstehende zunächst wenig Ahnung hat. Auch der kleinste Schleifer hat meist sein Eigenheim, das selbst ein Edelstein ist, so sauber und gepflegt sieht es aus.

Hohe Freizeitwerte

Diese Struktur des Gewerbes ermöglicht der Stadt gleichzeitig den Charakter eines Fremdenverkehrs- und Erholungsortes par excellence mit hochgradigen Freizeitwerten. Diese überraschende Entdeckung veranlaßt immer mehr Besucher, ihren Aufenthalt in dieser einmaligen Stadt auszudehnen und wiederzukommen. Denn: Es sind ja nicht nur diese Stadtteile mit Villencharakter und offener Bauweise, sondern auch eine Landschaft, die, mitten in Siedlungsgebieten gelegen, von Tälern und bewaldeten Höhen durchzogen und umgeben ist und somit Spaziergänge ermöglicht, die direkt vor der Haustür beginnen. In vielen Bereichen der Stadt benötigt man nur Minuten, um sich mitten in herrlichstem Waldgelände zu befinden und nur eine Viertelstunde, um die ringsum aufstrebenden Berghänge zu erklimmen. Ohne Fabrikschornsteine, ohne Luftverschmutzung, ohne schädliche Immissionen, ohne industrielle Geräuschkulisse kann man hier die wundervolle frische Luft der Hunsrückwälder atmen. Wie in einem heilklimatischen Kurort trinkt man das saubere Wasser der Steinbachtalsperre, die von den Gebirgsbächen gespeist wird und die während der Amtszeit des früheren hochverdienten Oberbürgermeisters Hoberg in einer gewaltigen technischen und finanziellen Kraftanstrengung von den städtischen Gremien geschaffen wurde – eine kommunale Großtat ersten Ranges, welche die ganze Region Idar-Oberstein von den drückenden Wassersorgen früherer Jahrzehnte auf lange Zeit hinaus befreite.

Von den die Stadt überall einrahmenden Waldrändern hat man herrliche Aus- und Einblicke auf das Obersteiner Schloß, die Felsenkirche, auf Winterhauch, Homerich und Ballenhübel, auf die Idarer Innenstadt mit dem hochragenden Bau der Börse, auf das Heideköpfchen, die Rothenbach, die Breitwies, die Kirschweiler Festung oder die Wildenburg. Gezeichnete Wanderwege laden ein zu Besuchen der Wildgehege, der keltischen Steinwälle, des Steinkaulenberges mit den Höhlen, in denen früher nach Achaten gegraben wurde, der Kirche Heiligenbösch, ja in das ganze historisch interessante Birkenfelder Land mit seinem idyllischen gepflegten Dorfcharakter, seinen freundlichen und zufriedenen Menschen und seinen vielgestaltigen Erholungsmöglichkeiten.

Bernd Cullmann, unser Goldmedaillen-Olympiasieger bietet seinen Minigolfplatz, die Stadt den Trimm-Dich-Pfad; die Skigebiete auf dem Erbeskopf und dem Idarkopf haben Schlepplifte. Der Hochwald hat für den passionierten Jäger die berühmten Jagdmöglichkeiten des Hunsrück parat (Entenpfuhl, Jäger aus Kurpfalz!), für den Reitersmann die Reithallen von Regulshausen und Bruchweiler, für den Schwimmer die waldumrandeten Freibäder von Oberstein und Tiefenstein und das beheizte Freibad von Birkenfeld oder das hiesige Hallenbad – und der Feinschmecker schließlich kann den Original-

Idar-Obersteiner Spießbraten und die Kartoffelwurst kosten — Genüsse, die es — ehrlich — nur hierzulande gibt.

Alle diese Vorzüge machen Idar-Oberstein und die Städte Birkenfeld und Baumholder auch attraktiv für Soldaten. Alle drei haben nämlich bedeutende Garnisonen in ihren Mauern, deutsche und amerikanische. Außerdem ist Birkenfeld Sitz einer Luftwaffendivision und Idar-Oberstein Standort der Artillerieschule der Deutschen Bundeswehr. Alle Soldaten vom General bis zum Grenadier, amerikanische und deutsche, fühlen sich nach eigenen Bekundungen ausgesprochen wohl im Kreis Birkenfeld. Beiderseitige Veranstaltungen, Bälle, Konzerte und Vortragsabende, Waffenschauen, Tage der offenen Tür in den Kasernen, das Spießbratenfest in Idar-Oberstein, das Schützenfest in Baumholder, Waldfest und Prämienmarkt in Birkenfeld, die dörflichen Kirmesveranstaltungen, aber auch das gediegene Kulturprogramm der Städte und ihrer Volkshochschulen mit Kunstausstellungen und Konzerten — alles wird von Bürgern und Soldaten gemeinsam besucht; man ist voll integriert. Hinzu kommen die Beiträge der Vereine, der hier besonders aktiven überregionalen Clubs, der beiden Kirchen und der freireligiösen Gemeinschaften. Hier kann wirklich jeder nach seiner Façon selig werden, friedliches Zusammenleben wird groß geschrieben und es ist bezeichnend, daß man Streiks oder Demonstrationen hier noch nie erlebt hat. Chefs und Mitarbeiter sitzen an einem Tisch und kommen gut miteinander aus.

Idar-Oberstein, Weltzentrum für Edelsteine

Was nun die Edelsteinschleiferei anlangt, so ist der Leser ja schon mit einigen Einzelheiten vertraut gemacht worden. Nur, es handelt sich bei dieser Profession um eine ganze Palette von Spezialberufen, die in ihrer Gesamtheit eben die Edelsteinindustrie ausmachen.

Zunächst: Obwohl weder in Idar-Oberstein noch in der gesamten Bundesrepublik ein einziger schleifwürdiger Edelstein gefunden wird, ist hier das Weltzentrum für Edelsteine entstanden. Der Grund: Vielleicht schon zur Zeit der römischen Besatzung, auf jeden Fall aber seit dem Mittelalter wurden hier Achate gefunden und geschliffen. Das Schleifen edler Steine liegt also den Menschen seit Jahrhunderten im Blute, Generationen lang hat es sie, wenn auch unter primitiven Verhältnissen, ernährt. Mitte des 19. Jahrhunderts erschöpften sich die

Vorkommen, blutarm geworden wanderten die Menschen aus, viele davon nach Brasilien, das 1974 die 150jährige Wiederkehr der ersten deutschen Einwanderer feierte. Der Landkreis Birkenfeld war bei den offiziellen Feierlichkeiten mit einer eigenen Delegation unter Führung von Landrat Dr. Beyer vertreten, der sich um die Dokumentation der Heimatgeschichte seines Kreises und um heimatkundliche Forschungen hoch verdient macht. Auch Forschung und Lehre um Edelsteine wird vom Landkreis finanziell erheblich unterstützt und gefördert.

In Brasilien entdeckten kundige Schleifer damals riesige Vorkommen von Achaten und anderen Edelsteinen, schickten sie nach Idar und bewirkten damit eine neue Blüte der Edelsteinschleiferei, die sich auf alle Gattungen und Provenienzen von Edelsteinen ausweitete. Das war die Grundlage für das damit entstehende Weltzentrum für Edelsteine. Hand in Hand damit entwickelte sich der Handel mit Edelsteinen, der das handwerkliche Schleifen inzwischen längst überrundet hat. Im folgenden wird eine Zusammenstellung aller Zweige der Edelsteinindustrie gebracht, die von ihrer Vielgestaltigkeit zeugt. Zunächst aber noch einiges Wissenswerte über die Stadt und ihre Eigenheiten.

Was bietet die Stadt den Edelsteinfreunden?

Wer nach Idar-Oberstein kommt, um hier Edelsteine und Schmuck zu kaufen, dem winkt ein reiches Angebot in den etwa 60 Juwelierläden, wo er auch unbearbeitete, also rohe Edelsteine, Edelstein-Mineralien und ungefaßte geschliffene Edelsteine und Diamanten erwerben kann.

Der Einkauf von geschliffenen Steinen oder Schmuck direkt beim Fabrikanten oder Schleifer ist, wie bereits vermerkt, nur in Ausnahmefällen, etwa bei persönlicher Bekanntschaft möglich, weil diese nur an den Fachhandel verkaufen. Das wird jedermann verständlich, wenn er weiß, daß dieser Fachhandel, also der Großhandel und die etwa 12 000 Schmuckeinzelhändler und Juweliere die existenzielle Basis des Gewerbes sind. Auch in der 1973 errichteten Diamant- und Edelsteinbörse wird nicht an Privatleute oder Touristen verkauft.

Edelstein- und Schmuckausstellungen gibt es in Idar-Oberstein eine ganze Anzahl, wie z. B. das bereits erwähnte Deutsche Edelstein-Museum und das im Stadtteil Oberstein befindliche Heimatmuseum, wo unter vielem anderem auch eine glanzvolle Schau edler Steine zu sehen ist. Sein Besuch hat dazu den Vorteil, daß man hier eine in Betrieb befindliche historische Achatschleiferei besichtigen kann, wie sie auch in der Weiherschleife im Stadtteil Idar zu sehen ist, die letzte der vielen Bachschleifen früherer Jahrhunderte. Dort schleift man dem Besucher zuliebe noch mit dem alten Gerät, dort liegt der Schleifer noch bäuchlings auf dem Holzbock, und das vom Idarbach getriebene uralte Mühlrad bewegt noch wie eh und je die riesigen Schleifräder aus Sandstein.

In der Nähe des Heimatmuseums befindet sich auch eine Hobbyschleiferei, in der man hier erworbene oder mitgebrachte Steine unter Anleitung selbst schleifen und polieren kann.

Ein Diamantstudio im Stadtteil Idar macht mit der kunstvollen Arbeit der Diamantschleifer bekannt.

Natürlich gibt es auch die Möglichkeit, in den Steinbrüchen der Region Idar-Oberstein Edelsteinmineralien, etwa Amethyste, Citrine, Kristalle, Jaspis oder Achate zu prospektieren. Vorsicht ist jedoch anzuraten, weil durch Steinschlag bereits bedauerliche Unfälle vorgekommen sind. Solche Edelsteinmineralien hiesiger Provenienz sollte man deshalb lieber in den zahlreichen Schmuckgeschäften sehr preiswert einkaufen, die sich übrigens auch entlang der 1974 eingeweihten »Deutschen Edelsteinstraße« befinden. Diese Edelsteinstraße, eine Attraktion ersten Ranges, sollte man bei einem Besuch im Landkreis Birkenfeld nicht verfehlen, wozu sich aber auf jeden Fall ein eigener fahrbarer Untersatz empfiehlt.

Einige der bedeutendsten Firmen Idar-Obersteins und seiner Umgebung haben Privatausstellungen eingerichtet, die auch fremde Besucher nach Anmeldung frequentieren können. Sie sind überaus sehenswert und stehen zum Teil den berühmtesten Edelsteinausstellungen der Welt nicht nach. Ferner sind eine Reihe mittlerer Betriebe bereit, passionierten Interessenten ihren Betrieb und ihre Erzeugnisse zu zeigen.

Der Verfasser gibt gern entsprechende Auskünfte oder vermittelt solche Besichtigungen, wobei er sich in Einzelfällen auch persönlich zur Verfügung stellt.

Weitverzweigte Industriepalette

Die Edelstein- und Diamantindustrie umfaßt innerhalb der Region Idar-Oberstein folgende Zweige:

Import und Export aller auf der Welt vorkommenden Edelsteine und Diamanten.

Import und Export von Perlen aller Art, auch Orient- und Südsee-Perlen.

Bearbeitung von Edelsteinen, Diamanten und Perlen einschließlich Bernstein, Koralle, synthetischen Edelsteinen, künstlichen Schmucksteinen; auch Bohren und Schneiden von Perlen. Unter Bearbeitung versteht man auch Färben (Beizen) von Rohsteinen, Brennen und anderen natürlichen Veränderungen an Steinen.

Import und Export sowie Bearbeitung von Industriediamanten, Diamantboort, technischen echten und synthetischen Edelsteinen.

Gravieren von Edelsteinen, Herstellung von Edelsteinplastiken, -figuren, -mosaiken und kunstgewerblichen Gegenständen aus Edelsteinen und versteinertem Holz.

Herstellung und Handel mit Juwelen und Schmuckstücken; alle Goldschmiedearbeiten.

Herstellung und Handel mit allen vorkommenden Edelstein-Labor-Geräten und Apparaten sowie Maschinen für die Edelstein- und Diamantindustrie.

Gold- und Silberscheideanstalt.

Außerhalb des Bereichs der Edelstein-Industrie wird in über 100 Betrieben mit etwa 5000 Beschäftigten Modeschmuck aus Metall und sonstigen Materialien, vergoldet, versilbert oder mit Gold- und Silberauflage hergestellt. Diese Betriebe erweiterten sich auch auf die Fabrikation von Uhransatzbändern, Uhrketten, Uhrgehäusen, Metallgalanteriewaren wie Zigaretten-Etuis, Feuerzeuge, Raucherutensilien, Puderdosen, Toiletteartikeln, eloxierten Artikeln aller Art, Beschlagteilen für Lederwaren und ähnlichem. Aber auch Kleinmetallwaren wie z. B. Zubehör für Kraftfahrzeuge und Kameras fabriziert man, und ein sehr bedeutendes Unternehmen hat sich ganz auf Hülsen und Zubehör für Kugelschreiber umgestellt. Daß Idar-Oberstein auch Sitz von großen Lederwarenfabriken sowie der bekannten Fissler GmbH ist, die allein über 1000 Mitarbeiter beschäftigt, sei am Rande vermerkt.

Der Schleifer-Beruf

Wir wollen uns im Rahmen dieses Buches ausschließlich mit der Edelsteinindustrie befassen – ein Kapitel, das eine sehr breite Öffentlichkeit interessiert. In meinen Vorträgen über Edelsteine innerhalb und außerhalb Europas werde ich oft nach dem Werdegang eines Edelstein- oder Diamantschleifers befragt. Und das Publikum ist dann immer wieder sehr erstaunt zu hören, daß diese beiden Berufszweige, Edelstein- und Diamantschleifer, nach Ausbildungsgang, Arbeitsweise und Material nicht allzuviel Gemeinsames haben. Ein Edelsteinschleifer kann also nicht ohne zusätzliche Ausbildung in den Beruf des Diamantschleifers überwechseln und umgekehrt.

Aber auch innerhalb der Schmucksteinschleifer und der Schleifer der feinen Farbsteine – ich nannte sie etwas summarisch Hochedelsteine – gibt es Differenzierungen. Man unterscheidet hier, ohne daß ich mich auf feinste Einzelheiten einlasse, die auch noch bestehen, Achatschleifer, Ebauchierer, Amethystschleifer, Lapidäre, Cabochonschleifer und Schalenschleifer. Diese Bezeichnungen sind nicht identisch mit den amtlichen Berufsbildern, aber für unsere Zwecke genügen sie. Hinzu kommen Bohrer und Graveure.

Die ersten, die in Idar-Oberstein Steine schliffen, waren die Achatschleifer. Achate, die seit dem 15. Jahrhundert auf riesigen, vertikal laufenden Sandsteinrädern bearbeitet wurden, waren Jahrhunderte lang das Brot der Idarer »Schleffer«, die in einer von Eugen Morschhäuser angefertigten Denkmals-Statue am Idarer Schleiferplatz verewigt wurden. Achate und weitere anspruchslose Schmucksteine, wie Jaspis und einige Varietäten der Quarzfamilie, wurden nämlich hier und in der Umgebung gefunden, der Sandstein kam aus der nahen Pfalz und die Antriebskraft besorgten die heimischen Wasserläufe. Auf Sandstein aber konnten nur Schmucksteine bis zur Härte 7 nach der Mohs'schen Härteskala bearbeitet werden.

Nach 1875 führte ein aus Böhmen zugewanderter Schleifer die Metallschleifscheibe ein, der auch böhmische Granate mitbrachte, die bei dem Idarer Schleifer Johannes Purper in dieser Zeit erstmalig bearbeitet wurden. Die dann aufkommende Elektrifizierung tat ein übriges, um die neue Schleifmethode auf diesen horizontal umlaufenden Metallscheiben auf breiterer Basis einzuführen. Mit ihrer Hilfe konnten nun die früher nur auf dem Sandsteinrad bearbeiteten Amethyste, Citrine, Bergkristalle und andere durchsichtige Edelsteine mit dem exakteren Facettenschliff versehen werden. Die neue Arbeitsweise nannte man die Lapidär-Schleiferei, und mit ihr war nun auch das Schleifen von hochwertigen Edelsteinen möglich, wie Aquamarin, Turmalin, Granat.

Im Jahre 1886 wurde durch die Brüder Philipp und Rudolf Hahn die erste deutsche Diamantschleiferei eröffnet, die heute noch in der Firma Phil. Hahn Söhne fortbesteht und von der Enkelin des Gründers geleitet wird. Diamanten können ausschließlich auf Spezialstahlscheiben und nur mit Hilfe von Diamantboort, das ist Diamantpulver, bearbeitet werden, weil der Diamant mit der Härte 10 etwa zehnmal so hart ist wie die Edelsteine der Härte 9, also die Korunde (Rubin und Safir).

Spezialschliffe

Cabochon-, Kugel- und Schalenschleifer sind Berufe, die fast ausschließlich in Idar-Oberstein ausgeübt werden. Die begehrten Edelstein-Kugeln werden, zu Colliers verarbeitet, in steigendem Umfang verlangt, daneben natürlich auch facettierte Kugeln. Schalen aus Achat und anderen Edelsteinen gehören zu den begehrtesten Kunst- und Anlage-Objekten und werden hochbezahlt, oft nur zu Liebhaberpreisen. Die Schalen-Sammlungen der Herren Erich Gordner in Tiefenstein und Herbert Graef in Idar gehören zu den vollkommensten ihrer Art in der Welt, sind nicht öffentlich und können — auch aus Sicherheitsgründen — nur in Ausnahmefällen und nur ausgesprochenen Liebhabern gezeigt werden. Wer sie aber gesehen hat, wird zugeben, daß solche Schätze eben nur in Idar zusammengetragen werden können, weil sie nur hier hergestellt werden und weil nur hier Künstler dieser Art existieren und existieren können — wegen der Möglichkeiten der Ausbildung und wegen der Auswahl des Materials. Wer ein begründetes Interesse an der Besichtigung dieser beiden einmaligen Sammlungen geltend machen kann, für den läßt sich dies arrangieren. Man wende sich an mich.

Natürlich gibt es auch im Edelsteinmuseum und im Obersteiner Heimat-Museum und in einer Reihe von Schmuckgeschäften Schalen zu sehen und auch zu kaufen. Ein für die damalige Zeit besonders schönes Exemplar einer Achatschale erwarb ich für die Handelskammer 1938 von dem berühmten Schalenschleifer Axel Veeck in Vollmersbach für 2000,– RM; es ist heute noch im Edelsteinmuseum zu sehen.

Eine 20 Pfund schwere Rhodonit-Schale des Schalenschleifers Helmut Wolf aus Kirschweiler ist im Obersteiner Heimatmuseum zu bewundern. Sie ist hauchdünn geschliffen, mißt im Durchmesser einen halben Meter und ist 24 cm hoch. Der Rohstein wog 492 Pfund, also fast fünf Zentner, die Herstellung dauerte 2 Monate. Wenn man mit dem Fingernagel daran schnippt, klingt ein solches Kunstwerk. Es ist nicht zu glauben, daß Menschenhände in der Lage sind, aus Gestein solche edlen Erzeugnisse zu gestalten.

Auch Cabochon-Schleifer sind Spezialisten, zumal sie noch bis vor wenigen Jahren ausschließlich in Handarbeit schliffen. Ihr Werkzeug ist das große Carborund-Schleifrad, das mit entsprechenden Rillen für die gewünschten Profile versehen ist. Auch Cabochons werden aber jetzt in einigen Häusern bereits halbautomatisch bearbeitet, soweit es sich nicht um besonders teure Steine wie zum Beispiel Smaragde handelt. Diese erfordern, auch wegen der Eigenart des Materials, ausschließlich sorgsame Handarbeit. Als Spezialisten gelten ferner die Opalschleifer, weil auch sie mit einem Rohstoff zu tun haben, mit dem eben nur der umgehen kann, in dessen Familie das Opal-Schleifen seit Generationen betrieben wird. Merkwürdigerweise sind die Namen dieser Opal-Schleifersippe an einer Hand aufzuzählen. Auch das Schleifen von Opalen ist ausschließlich in Idar-Oberstein möglich.

Die von den Kugel-Schleifern gefertigten Kugeln müssen, damit man sie auffädeln kann, gebohrt werden. Dafür sind die Edelstein-Bohrer zuständig, ein eigenständiger Beruf, der noch bis vor zwei Jahrzehnten primitivste Arbeitsgeräte aufwies. Inzwischen haben sich das elektrische und das Ultraschall-Bohren durchgesetzt.

Edelstein-Ascher

Eine der Spezialitäten Idar-Obersteins sind die bekannten Edelstein-Ascher (Aschenbecher). Diese werden hergestellt, indem große Rohsteine zunächst zu Platten gesägt werden. Dazu eignen sich Achat, Tigerauge, Chalzedon, Rosaquarz, Sodalit, Malachit, Lapis, Rhodochrosit, Rhodonit, Zoisit, versteinertes Holz, Aragonit, Labradorit u. a. Um die Höhlungen zu schleifen, verwendet man auch hier Carborund-

Schleifräder. Handarbeit ist ausschließlich gefragt. Nur ganz wenige Betriebe sind in der Lage, versteinerte Baumstämme oder auch große Achate zu schneiden, zumal die gewonnenen Platten ja vollkommen »plan« sein müssen. Um sie zu polieren, wurden Vibrations-Poliermaschinen eigens entwickelt. Auch diese Arbeiten können ausschließlich in Idar-Oberstein gemacht werden.

Gefärbte Edelsteine

Oft werde ich gefragt, ob Edelsteine tatsächlich gefärbt und ob sie dann noch als echt bezeichnet werden können. Diese Frage hat durchaus ihre Berechtigung.

Die früher in Idar gefundenen Achate wiesen eine eigenartig zarte Rotfärbung auf. Sie war absolut natürlichen Ursprungs. Solche Idarer Achate sind selten geworden und werden hoch bezahlt. Bei den späteren brasilianischen Achaten handelte es sich meist um die graue, etwas unansehnliche Varietät. Um sie verkaufsfähig zu machen, entwickelten Idarer Meister ihres Fachs Achatfärbemethoden – wir sprechen heute vornehmer von Beizen – die diesem Material leuchtende, beständige Farben verliehen. Ihr Wissen schöpften diese Fachleute offenbar aus alten Überlieferungen, denen zufolge bereits um 1820 »das Schwarzfärben der grauen und blaugrauen Achate nach einer schon im Altertum bekannten Methode des Tränkens der Steine in Honig mit anschließender Erhitzung und Behandlung mit Schwefelsäure« üblich gewesen war (Wild, Das ist Idar-Oberstein, S. 36). Wie Wild weiter berichtet, gelang bereits 1813 das Rotbrennen der gelben und braunen indischen Karneole. Brennen und Anfärben des Achats war möglich, so hatte man erkannt, auf Grund der Porösität seiner Struktur.

Alten Methoden und neueren Erkenntnissen zufolge gelang es, den brasilianischen Achaten vor allem grüne, blaue und rote Farben zu verleihen, indem man die Steine in zumeist mineralische »Beizen« legt, in denen sie tage- oder wochenlang verbleiben, bis sie vollständig durchtränkt sind. Dann werden sie gesäubert und weisen nun ganz bestimmte, gewollte, leuchtende Farben auf. So gibt es z. B. Carneol-Beize, Onyx-Beize usw. Die Farben sind so beständig, daß sie nur mit dem Stein selbst zerstört werden können. Bei der Versteigerung der Steine (vgl. Seite 156) werden vorher kleine zerschlagene Probesteine aufgelegt, die den Steigerern die Farbe zeigen, welche die gesamte Partie aufweist.

Die Beizmethoden wurden früher in den einzelnen Familien so geheim gehalten, daß sie sich von Generation zu Generation vererbten; sie waren kostbarstes Kapital des betreffenden Schleifers. Ich kannte noch den vor einiger Zeit in Tiefenstein verstorbenen Drogeriebesitzer Walter Leyser, der ein Meister im Färben von Steinen war. Seine streng gehüteten Rezepte vererbte er seiner Frau, die auch weiterhin die Beizen literweise verkauft. Das Geschäft hat einen bedeutenden Umfang angenommen, weil gerade in den letzten Jahren schöne Farb-Achate in steigendem Umfang verlangt werden.

Trommel-Ware

Was man heute an sogenannter Trommelware in Schmuckgeschäften und vor allem Warenhäusern sieht, war vor einigen Jahren noch unvorstellbar. Trommelware wird aus kleinen zerschlagenen Stücken roher Schmucksteine hergestellt, die sich in einer Trommel gewissermaßen von selbst schleifen. Mit Kieselsteinen, Polierpulver und – je nach Steingattung – einigen anderen Schleifmitteln versehen, bleiben die Steine tagelang in der elektrisch angetriebenen und ununterbrochen rotierenden »Trommel«, einem zylinderartigen Behälter, bis sie sich gegenseitig abgeschliffen und poliert haben. Dann werden sie sorgfältig gesäubert und kilo-, ja zentnerweise verkauft. Als Anhängersteine, Barocksteine für Schmuck oder für Zierkorken, Brieföffner und andere kunstgewerblichen Gegenstände haben sie den Vorzug großer Preiswürdigkeit und werden gern gekauft.

Ein amüsanter oder betrüblicher Vorfall, je nach Standort, der meinen Lesern nicht vorenthalten werden soll, war vor einiger Zeit in aller Munde, als diese Trommelware den hiesigen Fabrikanten förmlich aus den Händen gerissen wurde. Viele bedeutende Firmen verwandten sie nämlich als Zugabe-Artikel, wie z. B. eine bekannte Pulverkaffee-Firma. Auch ein Kraftstoff-Konzern gab die Steine als Zugabe bei den Tankstellen aus. Er kaufte Millionen Stück in Idar-Oberstein auf, bis die Behörden Anstoß nahmen und die Zugabe wegen Verstoßes gegen das Rabattgesetz untersagten. Was aus den Bergen übrig gebliebener Edelsteine geworden ist, entzieht sich meiner Kenntnis. Ich könnte mir aber vorstellen, daß angesichts steigender Preise damit noch ein gutes Geschäft gemacht worden ist.

Schöner wohnen ...

Die Beliebtheit der Edelsteine hat sie selbst in die Wohnkultur Eingang finden lassen, was ich zum Beispiel aus der Anziehungskraft eines Themas schließen kann, das ich unter dem Stichwort »Wohnen mit schönen Steinen – Edelsteine in der Wohnkultur« in Farblichtbild-Vorträgen behandele. Es sind nicht nur die kleinen »beautiful things« aus Edelsteinen, die ein Heim verschönern können, wie die schon erwähnten Edelstein-Ascher oder die Schalen aus Achat, Rhodonit, Malachit usw. Auch ein dicker roher Edelstein-Brocken tut es, den man »einfach so« auf eine Konsole, ein Fensterbrett oder sogar auf den Fußboden legt – wenn er aus einem besonders farbenprächtigen Mineral besteht, vielleicht Rosaquarz, Rhodochrosit, Sodalit, oder sogar ein wohl geformter Kristall aus Rauchquarz ist oder ein »Viel-Ender« einer Bergkristallstufe. Solche – kleineren – Stufen aus Edelsteinmineralien können überall die Wohnung schmücken. Manche Liebhaber schöner Steine lassen sich sogar wohlgeformte Schauvitrinen anfertigen, in denen sie ihre Schätze, von diskreten Punktstrahlern oder sogar Ultraviolett-Licht verklärt, zur Freude ihrer selbst oder ihrer Gäste zur Schau stellen. Auf den Schreibtisch gehören Brieföffner mit Edelsteingriff oder ganz aus Achat, Briefbeschwerer aus Edelsteinen, Bleistifthalter mit Edelsteinsockel oder Schalen für Schreibgerät. Die früher beliebten ganzen Garnituren aus Edelsteinen für den Schreibtisch sind fast passé, wenn sie nicht durch den sogenannten »pakistanischen Onyx« ersetzt werden, der ganz einfach nur Marmor ist. Sehr wohlhabende Leute verschönern ihr Heim mit Edelstein-Skulpturen, echten oder kopierten Fabergés und Edelsteinmosaiken, fassen ihre Kamine mit Malachitrahmen oder anderen Edelsteinen ein und verkleiden die Zierbrunnen im Wintergarten mit Edelstein-Mosaiken, aus denen sogar ganze Wandbereiche in den Wohnräumen bestehen können. Auch Edelstein-Mosaiktische sind beliebt.

Wenn all dies – und der Fantasie sind für dieses Thema keine Grenzen gesetzt – geschmackvoll und nicht aufdringlich arrangiert wird, erhöhen diese schönen Dinge das Wohngefühl, das Heim erhält Accessoires, die es regelrecht verzaubern können, genau wie gute Bilder, prächtige Teppiche und alles andere, mit denen man eine »Wohnung« zum »Heim« machen kann. Nur wollen gerade diese Dinge eben mit Bedacht und Gefühl ausgewählt sein; Geschmacklosigkeiten oder ein Zuviel bewirken das Gegenteil des Erstrebten. Erfreulich aber ist für mich immer wieder das große Interesse, das meinen Darlegungen über dieses Thema entgegengebracht wird und das sich auch in erhöhter Nachfrage nach »Edelsteinen in der Wohnkultur« auswirkt.

Automation in der Edelstein-Industrie

Daß sich künstlerische Arbeit mit Automation nicht verträgt, ist eine Binsenwahrheit. Auch für Edelsteine gilt: Je kostbarer der Stein, desto weniger ist Handarbeit zu ersetzen. Ganze Berufszweige in der Edelsteinindustrie scheiden deshalb von vornherein für Versuche aus, sie zu automatisieren. Das trifft vor allem auf die Edelsteingraveure zu, die ihre Arbeit als Kunsthandwerk begreifen. Aber auch für Edelsteingestalter, also z. B. solche Künstler, die ihre Steine mit a-symmetrischem Schliff versehen, ist auch nur die Spur von Automation tabu. Für Hochedelsteine wie Safir, Smaragd und Rubin lohnt automatisches Schleifen nicht, weil sie einen viel zu hohen Materialkostenanteil aufweisen und durch Automatik zu hohe Verluste an Steinabfall entstehen würden. Sie wäre also auch nicht rentabel, abgesehen davon, daß Hand und Auge des Schleifkünstlers hier einfach nicht zu ersetzen sind.

Bei Edelsteinen mit höherem Lohnkostenanteil ist das schon etwas anderes. Hier werden Größenschleif-, Tafelpolier- und Facettiermaschinen in steigendem Ausmaß konstruiert und mit Erfolg eingesetzt. Die Verwendung automatischer Schleifmethoden erfolgt zum Beispiel bei technischen Edelsteinen, echt oder synthetisch, in steigendem Umfang, auch bei den sogenannten Schulsteinen, die hier in einigen Betrieben für die USA hergestellt werden. Schulen, Universitäten, Vereine und Verbände haben dort – sogar nach Klassen abgestuft – Edelsteinringe als Abzeichen, die dazu oft noch graviert werden. Ohne Automatik wäre hier die ausländische Konkurrenz übermächtig. Aber auch kleinere Schmucksteine, wie Granate, Amethyste, Citrine und viele andere werden bereits ganz- oder halbautomatisch geschliffen. Bei synthetischen Steinen ist das maschinell-automatische Schleifen die Regel; es wurde in dem französischen Schleifzentrum St. Claude im Jura schon vor dem letzten Krieg praktiziert.

Festzuhalten bleibt, daß hochwertige Edelsteine immer noch handwerklich bearbeitet werden, weil sie Erzeugnisse sind, die minutiöse Arbeit und künstlerische Gestaltung zur Voraussetzung haben.

Autarke Industrie

Aus der bisherigen Darstellung der Edelsteinindustrie von Idar-Oberstein geht hervor, daß es sich um ein bemerkenswert autarkes Gewerbe handelt. Dazu kommt die ausgesprochene Spezialisierung, auch innerhalb der vielen Betriebszweige. Wenn irgend ein edler Stein geschliffen oder graviert werden soll, so gibt es sicherlich auch draußen irgendwo in der Welt eine Möglichkeit dazu; man muß sie aber erst einmal finden. In Idar-Oberstein kann auch der ausgefallenste Wunsch sofort erfüllt werden; irgend einer der tausend Betriebe wird dazu in der Lage sein.

Selbst der schwierigste Beruf innerhalb der Edelsteinbearbeitung, die Kunst des Gravierens, des Gemmenschneidens, die Arbeit der Wappen- und Monogramm-Graveure und schließlich des Modellierens von Figuren und Skulpturen, der Beruf, in dem die handwerkliche Tradition noch am meisten unangefochten ist, hat in Idar-Oberstein noch seine Meister in ausreichender Zahl. Und dieser Beruf kann auch nur ausschließlich hier gelehrt und gelernt werden; außerhalb gibt es nur wenige Vertreter dieses Faches, ich nannte sie schon.

Da es aber nicht allzu vielen Schleifern vergönnt ist, bis zu diesem Grad der Vollendung der Edelsteinbearbeitung vorzudringen, ist die Gefahr nicht von der Hand zu weisen, daß sie eines Tages ausstirbt.

Selbst die Goldschmiede sind in Idar-Oberstein in ausreichender Zahl vertreten, so daß die hier geschliffenen Steine unmittelbar am Platze gefaßt und zu Schmuck verarbeitet werden können. Die Branche ist auch hier autark. Etwa 100 Betriebe der handwerklichen Goldschmiedekunst und eine Anzahl internationaler Preisträger, dazu einige größere Fabriken für echten Schmuck gibt es am Platze. Diese befassen sich vorwiegend mit der Anfertigung von echtem Goldschmuck mit Edelsteinen und Perlen, was in einer Stadt der Edelsteine auch gar nicht anders denkbar ist.

Strukturwandel

Allerdings ist die Edelsteinindustrie in einem gewissen Strukturwandel begriffen. Noch 1955 gab es in Idar-Oberstein

985 reine Produktionsbetriebe
155 Handelsbetriebe
50 gemischte Betriebe

Zur gleichen Zeit waren die Standorte der Edelsteinbetriebe zu

96,7 % in Idar-Oberstein
1,7 % in Pforzheim
1,6 % im übrigen Deutschland.

Von den damals rund 1 200 Betrieben in Idar-Oberstein exportierten regelmäßig rund ein Drittel.

Der heutige Export beläuft sich auf 172 Mill. DM (1973), was aber wegen der Eigenart der Industrie wenig besagen will. Tatsächlich dürfte die Zahl weit höher liegen.

Gegenüber den genannten Zahlen hat sich die Struktur inzwischen stark verändert. Die reinen Produktionsbetriebe sind rückläufig, die Handels- und gemischten Betriebe im Vormarsch. Der Welthandels-Status dagegen ist insgesamt unangefochten geblieben. Noch ist er es. Die Gefahr besteht, daß die übrige Welt aufholt, weil der Boom in Schmuckwaren in den letzten Jahren bis in die entferntesten Winkel der Erde vorgedrungen ist. Diese Tatsache ist von vielen Ländern mit Edelsteinvorkommen erkannt und ausgewertet worden. Dort sind nicht nur Handels-, sondern vor allem Produktionsbetriebe entstanden, die nicht auf die leichte Schulter genommen werden dürfen.

In Idar-Oberstein sind Führungskräfte am Werk, die diesen Trend erkannt haben und die Folgerungen aus ihm ziehen. Allerdings ist das in einer Branche mit so heterogenen und expansiven Kräften schwierig. Wer den desolaten Zustand in den zwanziger und dreißiger Jahren gekannt hat, wird das begreifen.

Professor Vershofen warf der Edelstein-Industrie schon 1936 in einem Gutachten für die Handelskammer vor, ihre ungeregelte Preisschleuderei verlange eine gesetzliche Wettbewerbsregelung, und Falz (vgl. Literaturverzeichnis) meinte, »... dieses Verhalten (Preisunterbietung) widerspreche jeder wirtschaftlichen Vernunft und lasse sich nur so erklären, daß der Edelsteinproduzent seinem lebhaften Wunsch, Kaufmann zu werden, Unterstützung zu leihen glaubt, wenn er ungeachtet des Preises zunächst einmal in direkte Absatzbeziehungen eintreten kann ...« Gabriel (vgl. Literaturverzeichnis) schließlich: »Die Preisunterbietungen sind ein Kardinalproblem der Edelsteinbranche.« Auch nach 1945 habe das Unterbieten die unheilvollsten Folgen auf die Einkaufsdispositionen der Ausländer gehabt. Die Industrie- und Handelskammer berichtete noch 1953, immer mehr Betriebe beteiligten sich am Export ohne jegliche Marktkenntnisse und Handelsgepflogenheiten und machten grundlos billige Angebote.

In der Tat sind Edelsteine geradezu Musterbeispiele für die sachliche Heterogenität von Industrieerzeugnissen (Gabriel). Diese wird noch durch die Bearbeitung verstärkt. Weitere sachliche Differenzierungsmerkmale sind Schleifform und Qualität des Schliffes. Die Aufgliederung des Marktes nach Homogenitäts-Kriterien kann für einzelne Steine sogar partielle Märkte ergeben, z. B. etwa für Smaragde, für Sternrubine oder Sternsafire.

Ich habe diese ins Gebiet der Betriebswissenschaft und der Handelspolitik gehörenden Gesichtspunkte deshalb gebracht, weil alle diese dem Fortschritt der Branche im Wege stehenden Gepflogenheiten, die übrigens auch heute noch nicht ganz ausgeschaltet sind, einer der Gründe waren, sich über ihre endgültige Abstellung Gedanken zu machen und sie mit in die Überlegungen einzubeziehen, eine *Börse* zu errichten.

Der Gedanke an eine Börse in Idar-Oberstein ist nicht neu. Schon 1936 tauchte er erstmals auf, als es galt, der damaligen seit der ersten Währungsreform 1923 grassierenden Preisschleuderei ein Ende zu setzen. Unsere Fühlungnahmen mit dem Reichswirtschaftsministerium führten aber damals zu der Feststellung, daß im Zeitalter des Staatskapitalismus eine solche Einrichtung »nicht tragbar« sei. Wir mußten uns also anderweitig behelfen und taten das auch.

Einen Teil der Schuld an den Preiskämpfen in der Edelstein-Industrie trug die damalige Wirtschaftsverfassung, das heißt das gleichgewichtige Nebeneinanderbestehen einer Industrie- und Handelskammer und einer Handwerkskammer am Platze, die von zwei ehrgeizigen Syndici geleitet wurden (einer davon war ich). Jede von den beiden Kammern betreute etwa die Hälfte der Edelsteinbetriebe, die Handwerkskammer also vor allem die Kleinstbetriebe, die viele Hunderte ausmachten und die eben aus der Enge ihrer Betriebe heraus es den Größeren der Branche, den »Handelsleuten«, wie man sie damals nannte, gleichtun wollten.

Infolge regionaler, zeitlicher, persönlicher und sachlicher Präferenzen sowie insbesondere wegen der unvollkommenen Marktübersicht (Gabriel) vermögen selbst Kleinbetriebe wegen ihrer großen Anzahl in begrenztem Umfang Preispolitik zu treiben. »Je unvollkommener der Markt ist – und das traf damals und trifft auch heute noch in begrenztem Umfang zu –, um so größer kann das autonome Preisintervall sein.«

Die Edelsteinbetriebe haben in der Marktform der »polypolistischen« Konkurrenz (Gabriel) einen relativ weiten preispolitischen Spielraum oder Autonomiebereich. Im Rahmen eines bedeutenden Preisintervalls können die Preise gesenkt werden, ohne daß von den Konkurrenzunternehmen in spürbarem Umfang Nachfrage abgeworben werden kann.

»Die großen Preisdifferenzen bei gleichartigen Edelsteinprodukten sind eine Folge des Angebotsverhaltens der kleinen Betriebe. Vornehmlich die ehemaligen Heimarbeiter und Lohngewerbetreibenden, die nur wenige Absatzverbindungen haben, geben dem Preisdruck der ausländischen Nachfrage nach. Deren Nachfrageverhalten ist sehr oft darauf ausgerichtet, die Edelsteinbetriebe gegenseitig auszuspielen. Die ausländischen Abnehmer weisen dabei auf angeblich niedrigere Preisangebote anderer Schleifereien hin. Da sich die Idarer Betriebe nicht verständigen, haben diese Aktionen meist bei den kleinen Schleifereien der ländlichen Außenbezirke Erfolg, weil diese Betriebe den Gesamtmarkt am wenigsten übersehen und beurteilen können. Diese Preispolitik ist nur auf einem unvollkommenen Markt möglich, weil die *Preistransparenz* gering ist.«

Wirtschaftsverfassung

Dies war der Zustand, den ich bei meinem Dienstantritt in der (damals noch oldenburgischen) Handelskammer 1934 vorfand und den mein bereits langjährig ansässiger Kontrahent in der Handwerkskammer, ein menschlich sympathischer, älterer und erfahrener Doktor der Volkswirtschaft offensichtlich duldete, jedenfalls nichts dagegen unternahm. Schließlich sah er es ja als persönliche Aufgabe an, seine

Mitglieder und ihr Vorwärtsstreben in höhere Betriebsgrößen zu fördern. Leider übersah er dabei den volkswirtschaftlichen Schaden und die durch die Preisunterbietungen hervorgerufenen Devisenverluste, auf die es im damals so devisenarmen Deutschen Reich entscheidend ankam.

Wir in der Handelskammer beschlossen demzufolge, diesem Zustand, der vor 1933 aus verständlichen Gründen nicht zu ändern war und den infolgedessen die Handelskammer bis dahin ertragen mußte, ein Ende zu bereiten.

Unserem Antrag an die Reichsregierung, alle, auch die kleinsten Edelsteinbetriebe in der Handwerksrolle zu löschen und sie als »Kleingewerbetreibende«, ohne Eintragung im Handelsregister, in die Betreuung der Handelskammer zu überführen, wurde – natürlich nach langen Verhandlungen – stattgegeben. Bei der entscheidenden Sitzung im Reichswirtschaftsministerium stand ich als einziger Vertreter meines Kammerbezirks mit Vollmacht meines Präsidenten einer Front von Ministeriellen unter Führung von Staatssekretär Dr. Posse gegenüber. Die Gretchenfrage des Staatssekretärs, wie wir es denn mit den Meisterprüfungen zu halten gedächten, beantwortete ich: »Wir führen das Institut des Industriemeisters ein.«

Nach Rückkehr von Berlin verlief tatsächlich alles nach unserem Antrag. Meiner Kammer wurden die Hunderte von Handwerksbetrieben angegliedert. Wir führten die Gesellen- und Meisterprüfungen durch, eine Gemeinschaftslehrwerkstatt wurde gegründet, die sehr erfolgreich arbeitete. Der »Verband der Edelsteinbearbeiter«, ein Reichskartell, erhielt Preisfestsetzungsbefugnis mit amtlichem Charakter, eine Exportprüfstelle als Preisbehörde wurde eingerichtet und die Preisunterbietungen hörten auf. Die Diamantindustrie erhielt staatliche Subventionen, und die 2400 Diamantschleifer (ohne die etwa 5000 Edelsteinschleifer) konnten bis weit in den Krieg hinein in Brot und Arbeit gehalten werden.

Wie heute so war auch damals die Sicherung der Einfuhr von Rohedelsteinen wichtigstes Gebot, denn auf ihr beruht die ganze Industrie. Während aber heute freier internationaler Warenverkehr ohne jede Beschränkung herrscht, waren wegen der Zwangswirtschaft und des Außenhandelsmonopols der Reichsregierung ebenso wie wegen des Zwangskurses der Mark die Devisen knapp. Sie wurden der Exportwirtschaft zur Vornahme von Importen nur zugeteilt, wenn bei jedem einzelnen Import nachgewiesen wurde, daß die daraus hergestellte oder veredelte Ware wieder ausgeführt und dabei gleichzeitig mindestens ein Drittel mehr an Devisen anfielen, als das Importgeschäft an Devisen gekostet hatte. Da aber der ausländische Exporteur unserer Edelsteine niemals mit dem Abnehmer der geschliffenen Edelsteine im Ausland identisch war, mußten die kompliziertesten Umwege gemacht werden, um die dann bei der Ausfuhr endgültig anfallenden Devisenbeträge sicherzustellen und das überschießende Drittel an das Reich abzuführen. Wer damit in Verzug geriet, wurde in Zukunft nicht mehr mit Devisen bedient.

Diese Erfüllung der »Auflagen«, wie man sie bei der Devisenzuteilung nannte, war nur möglich durch sogenannte Rohstoffkreditgeschäfte, durch Dreiecks- oder Vierecks-Geschäfte oder durch Kompensationsgeschäfte, die kontrolliert und genehmigt werden mußten und die in jedem einzelnen Falle durch die Handelskammer liefen.

Es würde zu weit führen, den heute Lebenden diesen unglaublichen Wirtschafts-Bürokratismus im einzelnen zu schildern. Sie würden es entweder nicht glauben oder den Kopf schütteln, weil man sich die damalige Staatswirtschaft einfach nicht mehr vorstellen kann. Aber sie hat wenigstens dazu geführt, der Industrie das Überleben bis weit in den Krieg hinein zu ermöglichen. Die Väter der jetzt lebenden Generation haben in jener schweren Zeit der Kammer und den Verbänden präsidiert, unter denen sich so klangvolle Namen wie Erich Wild, Carl Bank, Otto Caesar, Albert Leyser, Franz Reischauer, Julius Petsch, Max Hahn, Hugo Goerlitz, Albert Keßler, Walter Becker, Ernst Weinz, Max Ziemer, Karl Autin und Walter Steffen befanden. Aus ihrer Kenntnis von Gegebenheiten und Notwendigkeiten der Industrie einerseits und der staatspolitischen Lage andererseits haben sie es zuwege gebracht, daß die Branche sofort nach Kriegsende wieder neu beginnen konnte.

Nicht verhindert werden konnte allerdings die ebenfalls sofort wieder einsetzende Unordnung auf dem Preismarkt. Sie wurde im wesentlichen erst durch die jetzige Industrieführung beseitigt, wenn auch Reste noch bestehen. Natürlich half ihr dabei auch der Wirtschaftsaufschwung der fünfziger Jahre, der das Krebsgeschwür der Preisunterbietungen ohnehin zum Schrumpfen brachte.

Ziel aller Bestrebungen mußte die Konzentration eines breiten Angebots und einer ebensolchen Nachfrage auf einem möglichst eng begrenzten Raum sein, der einen konzentrierten Überblick über die Marktsituation ermöglichte. Die damit herbeigeführte Markttransparenz würde ein Einpendeln der Preise auf einer mittleren Linie herbeiführen können und damit Zeichen für eine Preisberuhigung in der ganzen Region setzen. Das geeignete Medium hierfür konnte nur eine Institution mit börsenähnlichem Charakter sein, die man nunmehr nachdrücklich betrieb.

Notwendigkeit einer Edelsteinbörse

Im Frühjahr 1970 verdichteten sich die Nachrichten, daß in Frankfurt die Errichtung einer Diamantenbörse geplant werde. In der Tat lud der neu gegründete Diamanten-Börsenverein im April 1970 zu einer Pressekonferenz ein, auf der die Grundsteinlegung dieser Börse bekanntgegeben wurde. Ich schrieb daraufhin in der »Nahe-Zeitung« vom 20. April 1970 u. a.: »Die Idar-Obersteiner Edelstein- und Diamantindustrie wäre gut beraten, wenn sie die Realität einer Diamantbörse in Frankfurt zum Anlaß nehmen würde, das eigene Börsenprojekt mit Nachdruck zu fördern... Für Idar-Oberstein spricht die Betriebsnähe, die einmalige Konzentration und Kombination von Diamant- und Farbstein-Industrie und der wissenschaftlichen Forschung. Fachleute geben in dem zu erwartenden Konkurrenzkampf dem Idar-Obersteiner Projekt die größeren Chancen, vorausgesetzt, daß man Frankfurt nicht einen zu langen zeitlichen Vorsprung läßt.«

Inzwischen hatte sich die gesamte Branche in einmütiger Geschlossenheit auf die Errichtung einer Diamant- und Edelsteinbörse in Idar-Oberstein geeinigt, ohne auch nur den Versuch zu machen, etwaige staatliche Hilfe zu erbitten; ein Beweis für das Vertrauen in die eigene Leistungsfähigkeit und für den Willen, die Unabhängigkeit zu erhalten und die Selbstverwaltung zu sichern. Grundlage aller Beschlüsse war die Einsicht in die Notwendigkeit, dem Edelstein-Zentrum Idar-Oberstein das Überleben in einer veränderten Weltsituation zu ermöglichen. Dabei spielte auch die Trendumkehr in der heimischen Wirtschaft eine ausschlaggebende Rolle: Produktion und Handel hatten ihre Rollen gewechselt. In der Welt tritt Hongkong als Durchgangslieferant übermächtig in Erscheinung, Japan und Brasilien liefern bearbeitete Edelsteine, vor allem auch Achate zu konkurrenzlosen Preisen, Indien schleift brasilianische Smaragde und

Diamanten, USA und England, Afrika und Rußland exportieren geschliffene Steine und fertigen Schmuck, die Zahl der Weltmarktteilnehmer vergrößert sich beständig.

Auch die Konkurrenz im Inland expandiert. Ein einziges schmuckherstellendes Unternehmen im Frankfurter Raum, das in der Branche als »Hecht im Karpfenteich« gilt und allein 40 bis 50 Mill. DM Umsatz erzielt, hat kürzlich nicht nur eine bedeutende Juwelierfirma, sondern auch eine ganze 44 Geschäfte umfassende Schmuckladen-Kette übernommen und beliefert auf dem zweiten Vertriebsweg auch alle führenden deutschen und schweizerischen Waren- und Versandhaus-Konzerne. An ihm ist der Fürst von Leiningen mit 10 Mill. DM beteiligt, wie auch der Fürst von Thurn und Taxis sehr große Beteiligungen an einer Reihe der bedeutendsten Schmuckunternehmen in Pforzheim hält und auch sonst noch in der Branche Anteile besitzt.

Nicht, daß die Idar-Obersteiner Firmen etwas gegen Waren- und Versandhäuser hätten, im Gegenteil. Sie sind einer ihrer bedeutendsten Abnehmer. Aber die Unternehmen müssen preislich mithalten können, und da stellen diese Häuser erhebliche Ansprüche, die wiederum Preiszugeständnisse auslösen. Das alte Spiel beginnt von neuem.

Was aber im Inland nicht zu erschwinglichen Preisen zu haben ist, kann mühelos durch die ausländische Konkurrenz beschafft werden. Abwerbungs-Inserate von ihr in der heimischen Presse sind eine Alltags-Erscheinung; Idar-Obersteiner Diamant- und Edelsteinschleifer, Graveure und Goldschmiede werden als Facharbeiter in der ganzen Welt gesucht.

Der viel reisende Großkaufmann der Branche kann diesen weltwirtschaftlichen und für uns gefährlichen Trend selbst konstatieren und seine Unternehmenspolitik darauf ausrichten. Der kleinere Marktteilnehmer ist dazu wegen seiner Informationsarmut nicht in der Lage. Das Fehlen einer eigenen Beurteilung der tatsächlichen Marktverhältnisse gipfelt bei ihm in der Gefahr eines nicht marktkonformen Verhaltens. Die Folgen bestehen entweder im Verlust bisheriger Kunden oder aber in Preiszugeständnissen, die wiederum dem Interesse der Branche zuwiderlaufen.

Die Industrieführung hat also den psychologisch und gesamtwirtschaftlich richtigen Zeitpunkt für die Errichtung der Edelstein- und Diamantbörse gewählt.

Daß die deutschen Börsen entscheidende Auswirkungen auf eine Angleichung des Preisniveaus haben, allein durch ihr »being«, ist unzweifelhaft. Wer sich binnen einiger Stunden einen Preisüberblick verschaffen kann und diesen hochrechnet, kann damit die Preissituation in der gesamten Branche bzw. in der betreffenden, gerade »aufliegenden« Edelsteingattung abschätzen. Es sind eben die »Börsenpreise«, die sich durch die geschaffene Markttransparenz bilden und von denen jetzt, vor allem im Diamanthandel, soviel die Rede ist.

Börsenpreise

Börsenpreise für Edelsteine hängen nicht, wie Wertpapier- oder Goldnotierungen, am schwarzen Brett aus. Es gibt für die hunderttausend möglichen Individualpreise für Steine keinen Fixpreis, auch nicht für Partien. Dafür sind allein die Farbe, die Einschlüsse, das ganze Erscheinungsbild der Steine zu unterschiedlich. Aber was verschwinden oder eingedämmt werden kann, das sind mögliche Willkürlichkeiten. Man kann heute nicht mehr, wie das vorgekommen sein soll, je nach Laune oder Über-den-Daumen-Peilen einen Preis autonom festsetzen. Wenn allein diese Transparenz und das Wegfallen eines unverhältnismäßigen Gefälles erreicht wird, muß sich die Börse zum Segen nicht nur für die Branche, sondern auch vor allem für den Verbraucher auswirken.

Schließlich kommt es doch letztlich auf ihn allein an, denn um seinetwillen ist die Branche da, nicht umgekehrt.

Wenn der Edelstein- und Schmuckkäufer das beruhigende Gefühl haben kann, daß ein Preis angemessen ist, wird sein Vertrauen zum Edelsteinkaufmann und Juwelier wachsen. Und da der Edelstein- und Schmuckerwerb nun einmal der Vertrauensbasis bedarf, muß jedes Medium begrüßt werden, das sie wachsen läßt.

Dieses Medium ist die neue Diamant- und Edelsteinbörse, die somit zu einer ganz großen Chance für die Stadt Idar-Oberstein und deren wirtschaftliche Entwicklung geworden ist.

Es gibt aber noch weitere Einrichtungen in Idar-Oberstein, die jenes Vertrauen fördern helfen und die darüber hinaus zu der Hoffnung berechtigen, daß der Ruf Idar-Obersteins als Weltmetropole für Edelsteine aufrechterhalten werden kann, ja daß der Edelstein als Schmuck- und Anlageobjekt Eingang in immer weitere Kreise findet, ohne daß diese befürchten müssen, dabei betrogen zu werden.

Es handelt sich um die in Idar-Oberstein ansässige Deutsche Gemmologische Gesellschaft und eine Reihe von ihr geschaffener und teilweise von ihr getragener Einrichtungen.

Die Deutsche Gemmologische Gesellschaft

Wenn in diesem Buche die Deutsche Gemmologische Gesellschaft und die von ihr geschaffenen, getragenen oder geförderten Einrichtungen besonders ausführlich gewürdigt werden, so steht auch dies in unmittelbarem Zusammenhang mit unserem Thema. Auch sie dienen letztlich dem kaufenden Publikum und haben viel zu der Vertrauensbasis beigetragen, die immer mehr die Grundlage des Kaufs edler Steine und echten Schmuckes werden soll und werden muß.

»Früher hatte man in Idar das Gefühl, daß hier ständig etwas Neues erfunden wird, daß man hier etwas Unbekanntes zu hören und wertvolle Stücke zu sehen bekommt, zusammengetragen aus aller Welt. Heute finden neue Entwicklungen vielfach außerhalb Idars statt, nachdem sie bereits ausländische Märkte durchlaufen haben. Idar ist im Begriff aufzuhören, eine lebendige Quelle der Information auf dem Gebiete der Edelsteine zu sein ...« (Pough in DGZ 1956, Heft 11, S. 552).

»In unserem modernen Zeitalter, in einer Zeit der Automation ist das alte Idar-Oberstein ein Anachronismus. Es könnte die letzten Jahre des zwanzigsten Jahrhunderts mit seiner Abhängigkeit von manueller Arbeit und individuellen Eigenschaften in einer Epoche nicht überleben, in der die Betonung auf großen leistungsfähigen Gruppen und totaler Automation liegt. Dies um so mehr, als eine Anzahl von unterentwickelten Ländern wie Indien, Thailand, Brasilien und anderen jetzt schon einigermaßen gut geschliffene Steine zu einem Bruchteil der Idar-Obersteiner Preise auf den Markt tragen. Um zu überleben, muß sich diese Stadt ohne Zögern modernen und fortschrittlichen Techniken zuwenden« (Lapidary Journal August 1970).

Nun habe ich ja bereits dargelegt, daß moderne Technik längst in Idar-Oberstein Einzug gehalten hat. Immerhin aber handelt es sich hier um zwei Auszüge – unter vielen – aus ausländischen Quellen, die nüchtern und nicht ohne Wohlwollen für Idar feststellen, auch bei uns sei noch nicht alles der Weisheit letzter Schluß und es sei noch viel zu tun, um vor allem technische und wirtschaftliche Gefahren auszuschließen. Was getan wurde und was noch zu tun ist, kann man vielleicht so formulieren:

1. Was eine etwa früher bestehende technische Rückständigkeit anlangt – soweit man in dieser auf manuelle Kunstfertigkeit angewiesenen Luxusindustrie überhaupt von einer solchen sprechen kann – haben Idarer Fabrikanten in den letzten 15 Jahren gewaltig aufgeholt. Die Automation – wo sie anwendbar ist – wurde eingeführt; sie wird weiter vervollständigt.
2. Den betriebswirtschaftlichen und organisatorischen Notwendigkeiten wurde durch straffe Verbandsführung und die Errichtung der Börse Rechnung getragen. Fabrikorganisation und Management in größeren Betrieben entsprechen modernen Erfordernissen.
3. Die Ausbildung des Nachwuchses der Edelstein- und Schmuckwarenindustrie im kaufmännischen und technischen Bereich ist durch moderne Schulsysteme und das Prüfungswesen der Kammer gewährleistet. RKW und Kammer ergänzen es für Erwachsene durch Lehrgänge, Kurse und Vorträge. Moderne kaufmännische und technische Schulen, eine Volkshochschule, eine Realschule und zwei Gymnasien sind vorhanden.
4. Was absolut neu ist, das sind die weit über den örtlichen Bereich hinausgehenden Förderungseinrichtungen personeller und wissenschaftlicher Art durch die Deutsche Gemmologische Gesellschaft (in Zukunft DGemG genannt).

Die Aktivitäten der Gesellschaft

Wie der Zweite Vorsitzende der Gesellschaft, Dr. Godehard Lenzen in einem Fernsehinterview und in Pressegesprächen mitteilte, hat die im Jahr 1932 in Idar von Herrn Georg O. Wild gegründete Gesellschaft vor allem die Intensivierung und Systematisierung des gemmologischen Ausbildungswesens als Aufgabe. Sie ist – mit etwa 1200 Mitgliedern – die älteste technisch-wissenschaftliche Vereinigung zur Pflege der Edelsteinkunde, zunächst als Wissenschaft, später auch als Berufsgrundlage.

Sie bietet dem Facheinzelhandel existenznotwendige Fortbildungsmöglichkeiten und Informationen. Gerade im Edelstein- und Schmucksektor, der teilweise hochwertigste Luxusgüter verkauft, ist ein lifelong-learning eine zwingende Notwendigkeit. Auch die in aller Welt anerkannte und weit verbreitete Vierteljahrs-Zeitschrift der Gesellschaft trägt zu diesen Aufgaben bei.

Ferner unterhält die Gesellschaft in den Räumen der weltbekannten Gewerbehalle in Idar, in der früher das jetzige Deutsche Edelstein-Museum untergebracht war, gemmologische Lehrsammlungen, in denen warenkundliche Einführungslehrgänge stattfinden. Diese Kombination für Unterrichtung und Anschauung ist für die Gestaltung der Lehrgänge und die Aufnahme des gebotenen Lehrstoffes optimal.

Gemmologische Lehrsammlungen und Lehrgänge

Der Lehrgang Edelsteinkunde I (gemmologischer Grundlehrgang) ist als Warenkunde für Fachverkäufer und Auszubildende konzipiert. Er orientiert sich thematisch unter anderem an einem Urteil des Bundesgerichtshofes von 1968, wonach die Beschäftigung sachunkundiger Verkäufer einen Wettbewerbsverstoß bedeutet. Der Einsatz geeigneter Verkäufer und Verkäuferinnen, die echte und synthetische Steine sowie Glassteine begrifflich voneinander unterscheiden können, wurde von den Bundesrichtern als Voraussetzung zur Führung eines Juweliergeschäftes bezeichnet. Die erforderliche Ausbildung inmitten einer lückenlosen Edelstein-Lehrsammlung ist gegenwärtig nur in Idar-Oberstein gegeben.

Hier eröffnet sich den Teilnehmern die »Welt der Edelsteine« im eigentlichen Sinn des Wortes. In systematischer Ordnung sind sämtliche Mineralien als Rohsteine und geschliffene Steine ausgestellt, die als Edelsteine und Schmucksteine Verwendung finden. Hinzu kommen Sammlungen der gegenwärtig herstellbaren Synthesen, Dubletten, Tripletten und Imitationen sowie eine gemmologisch-genetische Sammlung, die die Entstehung der Edelsteine veranschaulicht. Damit ist die Reichhaltigkeit des Ausstellungsmaterials weltweit einmalig.

Der warenkundliche Einführungslehrgang, der auch zugleich gemmologischer Grundlehrgang für spätere Gemmologen DGemG ist, wird ab 1975 viermal im Jahr durchgeführt, und zwar jeweils einwöchig.

Wird von den Kandidaten zusätzlich der folgende Lehrgang Edelsteinkunde II belegt (Gemmologischer Aufbaulehrgang), so kann von dem hierzu berechtigten Personenkreis die Ausbildungsförderung nach

§ 34 Ausbildungsförderungsgesetz des Bundes durch die Arbeitsämter beantragt werden. Individuelle Beratung durch die DGemG ist gewährleistet.

Als Dozenten für die Leitung und Durchführung der Lehrgänge sind tätig Professor Dr. Pense, Leiter des Institutes für Edelsteinforschung der Universität Mainz, ferner Dr. Lenzen, Obmann der RAL 560 A 5 und Geschäftsführer der Gesellschaft für angewandte Gemmologie (Edelsteinprüfstelle) und schließlich Diplom-Mineraloge W. Galia, wissenschaftlicher Mitarbeiter des Instituts für Edelsteinforschung der Universität Mainz. Alle Lehrgänge sind meist unmittelbar nach der Ankündigung voll belegt. Voranmeldung bei der DGemG ist erforderlich.

Gemmologe DGemG und Diamantgutachter DGemG

Zu den Grundlehrgängen kommen Fernlehrgänge, Diamantpraktika und abschließende Hauptlehrgänge, an die sich die hohe Anforderungen stellende schriftliche und mündliche Abschlußprüfung anschließt.

Der Lehrstoff befindet sich in fortlaufender Weiterentwicklung, weil mit vor 20 Jahren erworbenen Kenntnissen heute kein Juwelier mehr bestehen kann. Es sei als Beispiel nur auf immer neue Syntheseverfahren hingewiesen, die zu immer neuen Untersuchungsmethoden führen. Die inzwischen anerkannte Bezeichnung »Gemmologe DGemG« ist die folgerichtige Analogie zu den Ausbildungslehrgängen in England, USA und der Schweiz, die entsprechende Bezeichnungen verleihen.

Die Bezeichnung »Diamantgutachter DGemG« wird durch erfolgreiche Absolvierung der Ausbildungslehrgänge der DGemG erworben, welche diese im Auftrag des Förderungswerks Königstein durchführt. Es handelt sich hier um Diamantpraktika und Diamantgutachter-Lehrgänge.

Außer diesen fast immer ausgebuchten Lehrgängen und Praktika und außer der Zeitschrift der Deutschen Gemmologischen Gesellschaft, die internationalen Rang hat und in 20 Ländern einschl. fast des gesamten Ostblocks gelesen wird, unterhält die Gesellschaft einen Auskunftsdienst über alle Fragen der Edelsteinforschung und der Edelstein-Untersuchung, der auch insbesondere von Kriminalämtern und wissenschaftlichen Instituten des In- und Auslandes stark frequentiert wird.

Dokumentations-Zentrum

Das Dokumentations-Zentrum der DGemG wird gemeinsam mit den USA betrieben und enthält u. a. eine Datenspeicher-Anlage mit der Möglichkeit sofortigen und vollständigen Abrufs von Kurzreferaten über die Fachliteratur der ganzen Welt. Wenn also in Zukunft etwa jemand Literatur über die Frage »Welche Literatur gibt es über synthetische Smaragde« wünscht, kann unverzüglich klare und umfassende Auskunft erteilt werden.

Zusammenarbeit mit anderen Stellen

Um den Edelstein- und Schmuckkäufer vor Betrug zu schützen, besteht in der Bundesrepublik eine enge und vertrauensvolle Zusammenarbeit zwischen allen wissenschaftlichen und berufsständischen Organisationen. So arbeitet auch die DGemG mit dem Förderungswerk Königstein als Internationales Fortbildungszentrum Uhren und Schmuck Hand in Hand, ferner mit der Zentrale zur Bekämpfung des unlauteren Wettbewerbs, mit dem RAL-Ausschuß sowie allen Fach- und Berufsverbänden des Wirtschaftsbereichs Edelsteine und Schmuck.

Institut für Edelsteinforschung

Durch Initiative des Altmeisters der Edelsteinkunde, Georg O. Wild entstand in den zwanziger Jahren das zunächst private Edelsteinprüf-Laboratorium, das er lange Jahre selbst leitete. Kein Edelsteinkundler der ganzen Welt, der nach Idar kam, versäumte es, Herrn Wild im Laboratorium in den Katakomben der Gewerbehalle seine Aufwartung zu machen. 1933 unterstellte es Herr Wild als »Institut für Edelsteinforschung« der Deutschen Gesellschaft für Edelsteinkunde, der jetzigen DGemG. 1936 konnte es unter meiner Federführung in einem Akademischen Festakt im alten Idarer Saalbau als Universitäts-Institut für Edelsteinforschung der Universität angegliedert werden, wobei der Rektor Magnifizenz Dr. Wisser die Festansprache hielt. Georg O. Wild wurde Direktor des Instituts.

1955 wurde es in gleicher Eigenschaft als Außeninstitut der Universität Mainz angeschlossen und sein jetziger Leiter ist Professor Dr. Pense. Das Institut führt auf dem Gebiet der Edelsteinforschung grundlegende Arbeiten durch, die alle direkten Praxisbezug haben und somit für die gesamte Branche und damit für den Edelsteinkäufer von großer, auch wirtschaftlicher Bedeutung sind. Um einige Beispiele aus jüngster Zeit zu nennen:

Farbmessung an Türkisen, Fluoreszenz-Messungen an Diamanten und anderen Edelsteinen, Verhalten von Edelsteinen bei Bestrahlung, u. a. Farbveränderungen usw. Prof. Dr. Pense hatte großen Anteil an der Aufklärung der Behauptung anderer Wissenschaftler, der Deepdene-Diamant habe seine Farbe durch Bestrahlung erhalten. Das Streitobjekt war immerhin 3,5 Mill. DM wert.

Ferner können z. B. verblaßte Amethyste durch Bestrahlung wieder ihre ursprüngliche Farbe zurückgewinnen. Das dem Institut eigene Elektronen-Mikroskop, das nicht mit Lichtstrahlen, sondern mit Elektronen-Strahlen arbeitet, ermöglicht bis zu 300 000-fache Vergrößerungen. Dadurch konnte von Prof. Pense u.a. die Ursache der Farben der Edelopale aufgeklärt werden. Ähnliche Untersuchungen erfolgten an farbschillernden Feldspäten, wie z. B. den Labradoriten oder auch an den Kanälen von Beryllen, die ohne Elektronen-Mikroskop überhaupt nicht erkennbar gewesen wären. Oder es wurden Industrie-Diamanten untersucht, also Diamanten, die für technische Zwecke verwendet werden, z. B. als Dreh- oder Abricht-Diamanten. Dabei stellte sich unter anderem das Problem ihrer verschieden langen Verwendbarkeit.

Mit solchen und ähnlichen Untersuchungen sollen die Ergebnisse der mineralogischen Wissenschaft, der Edelsteinverarbeitung und dem Edelsteinhandel nutzbar gemacht und umgekehrt aus den Problemen der Praxis heraus Anregungen für die wissenschaftliche Forschung gewonnen werden.

Weil es in Idar-Oberstein ansässig ist, arbeitet das Institut sehr praxisnah. So kann immer mehr Material aus neuen Fundorten und von neuen Nachahmungen von Edelsteinen beschafft werden. Da dem Institut auch der gesamte Geräte- und Apparate-Park des Instituts für Mineralogie und Petrographie der Universität Mainz zur Verfügung steht, das in weniger als zwei Stunden mit Auto oder Eisenbahn erreichbar ist, kann man seinen Standort als optimal bezeichnen.

Edelstein-Prüfstelle, Gesellschaft für angewandte Gemmologie mbH.

Die Edelsteinprüfstelle in Idar-Oberstein hat folgende Aufgaben: Echtheitsprüfungen geschliffener Edelsteine, Bestimmungen von Rohedelsteinen, Ursachenermittlung bei Beschädigung von Edelsteinen und Perlen, Ermittlungen künstlicher Eigenschaftsveränderungen, insbesondere Farbveränderungen.

Diamantengraduierung, objektive photometrische Farbbestimmung, normgerechte Reinheitsgraduierung, optisch-metrische Schliffgraduierung. Die Gesellschaft für angewandte Gemmologie mbH. steht jedermann zur Ausführung der genannten Arbeiten zur Verfügung, jedoch werden Diamantgraduierungen nur für Angehörige des Wirtschaftsbereichs Edelsteine und Schmuck vorgenommen.

Die Edelsteinprüfstelle unterhält ferner zur Durchführung aller chemischen, mechanischen, optisch-physikalischen und Röntgen-Methoden, Mikrofotografie und Farbbestimmung nach DIN 6164. Die wissenschaftliche Leitung haben Professor Dr. Bank FGA und Dr. G. Lenzen GG, FGA. Träger der Prüfstelle ist die Deutsche Gemmologische Gesellschaft und der Verband der Edelstein- und Diamantindustrie. Die Anschrift ist Gewerbehalle Idar-Oberstein und die Telefonnummer 0 67 81 – 4 30 11.

Die deutschen Diamant- und Edelsteinbörsen

1. Problematik

Wenn ich im Rahmen eines Buches über Diamanten, Farbedelsteine und Schmuck als Geldanlage die Problematik der deutschen Diamant- und Edelsteinbörsen behandele, so vor allem deshalb, weil ich immer wieder, vor allem auf meinen Vorträgen über Edelsteine nach Sinn und Zweck dieser mit beträchtlichem Publizitätsaufwand ins Leben gerufenen Institutionen gefragt werde. Das Publikum nimmt zumeist an, es handele sich dabei um ähnliche Einrichtungen wie die ihm bekannten Wertpapier- oder Warenbörsen. Viele vom Niederrhein kennen die Schifferbörse in Ruhrort, die Getreidebörse in Duisburg, die Tabak-, Kaffee- oder Baumwollbörsen oder auch die Mineralienbörsen, von denen die Norddeutsche Mineralienbörse in Hannover und die Schweizer Mineralienbörsen am bekanntesten sind. Bei letzteren kann man in der Tat Mineralien, auch Edelstein-Mineralien, an Ort und Stelle erwerben oder tauschen. Diese Möglichkeit besteht an den deutschen Diamant- und Edelsteinbörsen für das breite Publikum nicht. Insofern wäre die Bezeichnung »Börse«, jedenfalls von der Sicht der nicht fachorientierten Öffentlichkeit aus für diese Einrichtungen unzutreffend gewählt, wenn sie nicht aus anderen Gründen zu vertreten wäre.

Börsen sind ihrer volkswirtschaftlichen Definition nach ständige Einrichtungen mit der Aufgabe, Angebot und Nachfrage marktmäßig zusammenzuführen und planmäßig auszugleichen. Ersteres gilt auch für die Diamant- und Edelsteinbörsen, letzteres nicht. An Wertpapier- und Warenbörsen werden fungible Güter gehandelt, wer Edelsteine oder Diamanten kaufen möchte, will sie sehen. Der Betrieb an diesen Börsen wickelt sich nicht wie an ersteren ab; es erfolgen keine Kursnotizen, es werden keine Preise einheitlich festgesetzt wie etwa in Zürich oder London für Gold, dessen Notiz an jedem Tag, gültig für die ganze Welt, festgestellt wird.

In einer Diamantbörse — und das gilt auch für die Idar-Obersteiner Diamant- und Edelsteinbörse — sind vielmehr Büros für 100 oder 200 Firmen aus aller Welt eingerichtet, die jede für sich arbeiten, ihre Kunden empfangen und Ware kaufen oder verkaufen. Eine Börse dieser Art ist also in erster Linie ein riesiges Konglomerat von Einzelfirmen mit einem insgesamt sehr großen und vielschichtigen Warenangebot, das es dem Kunden ermöglicht, Qualitäts- und Preisvergleiche anzustellen und das für ihn günstigste Angebot auszuwählen.

Er hat dabei den Vorteil, in Frankfurt oder Idar-Oberstein nicht mehr in die verschiedensten Stadtteile zu den Standorten der Firmen zu fahren, sondern er hat alle unter einem Dach, wodurch er Zeit und Geld spart. Hinzu kommen gewisse Sonderveranstaltungen der Börsen, die im einzelnen noch aufgeführt werden. Festgehalten werden muß, daß unter »Kundschaft« nur der Fachhandel zu verstehen ist. Nur er hat Zutritt zu den Börsen, und nur er kann dort einkaufen, keinesfalls aber der Privatmann. Da dieser aber schließlich *derjenige ist, für den alle diese Einrichtungen geschaffen* wurden und der von ihnen — wenn auch nur indirekt — profitieren soll, so muß auch kurz auf die diesbezügliche Problematik wenigstens der Diamant- und Edelsteinbörse Idar-Oberstein eingegangen werden, die im wesentlichen auch für die Frankfurter Diamantbörse gilt. Allerdings werden in Idar-Oberstein neben Diamanten vor allem alle Farbedelsteine gehandelt. Dort haben sich Unternehmer aus der Diamant-, Edelstein-, Perlen- und Schmuckbranche aus nicht weniger als 26 Ländern der Erde niedergelassen, die zum größten Teil im Gebäude der Börse domizilieren.

2. *Diamant- und Edelsteinbörse Idar-Oberstein*

Während sich aber die 14 internationalen Diamantbörsen auf den König der Steine beschränken, werden an der Idar-Obersteiner Börse die aus etwa 120 Ländern der Erde zusammenströmenden Farbedelsteine gehandelt, die diese Stadt zum Weltzentrum für Edelsteine machten. Da sich aber hier auch noch eine große Anzahl Diamantschleifereien, darunter die größte Deutschlands sowie eine Reihe von Diamanthändlern befinden, deren Sortiment ebenfalls an der Börse gehandelt wird, war es naheliegend, die Doppelbezeichnung Diamant- und Edelsteinbörse zu wählen.

Von den etwa 800 Unternehmen des Edelsteingewerbes, die im Raum Idar-Oberstein ansässig sind, haben allerdings nur ein kleiner Teil in der Börse Büroräume, und von den weit über hundert Börsenfirmen sind etwa die Hälfte Einheimische. Einige von ihnen unterhalten in der Börse eine Dependance, während der Hauptbetrieb am alten Stammplatz verblieb.

Wer es vorzieht, seine gesamten Einkäufe unter dem Dach der Börse zu erledigen, kann dies sicherlich ermöglichen. Wem dies nicht genügt, wird, wie bisher, seine Schritte zu den Hunderten von Betrieben lenken, die sich in unmittelbarer Nähe der Börse oder etwas weiter entfernt befinden, aber nie so weit, als daß nicht mit der Fahrt im Wagen oder im Taxi alle Lieferanten und Hersteller in kürzester Zeit zu erreichen wären. Das eben ist ja der Vorzug dieser einmaligen Stadt, daß sie eine einzige Ansammlung aller in Frage kommenden branchenangehörenden Unternehmen ist, in denen man wie sonst nirgends in der Welt alles findet, was auch nur im entferntesten mit Edelsteinen und Schmuck zu tun hat.

Die Edelstein- und Diamantbörse jedenfalls ist das Instrument, das diese Bedeutung als Weltzentrum für Farbedelsteine nicht nur aufrechterhalten, sondern fördern soll. Überall in der Welt entstehen dort, wo einheimische Edelsteinvorkommen vorhanden sind, eigene Edelstein-Bearbeitungs- und Schmuckzentren, denn die Ausfuhr von geschliffenen Edelsteinen und fertigem Schmuck ist handelsbilanzaktiver als die Ausfuhr von unbearbeiteten rohen Edelsteinen. Das gilt für Brasilien ebenso wie für die afrikanischen und asiatischen Länder, wo immer mehr Schleifereien und Schmuckbetriebe entstehen. Vor allem in USA, Japan, Indien, Südafrika, UdSSR und Brasilien sind Betriebe dieser Art entstanden, von deren Größenverhältnissen wir nur träumen können. Diese Entwicklung wird durch die teilweise konkurrenzlos niedrigen Löhne noch begünstigt, wenn auch oft die Qualität der Erzeugnisse nicht ihrer Quantität entspricht.

Aber die Weltbevölkerung wächst und wächst und sie wird immer schmuckbewußter. Und damit steigt auch der Qualitätsstandard. Wenn nur 10% der Weltbevölkerung von 4 Milliarden Menschen laufend mit Edelsteinen und Schmuck versorgt werden müßten, wäre die Prosperität dieser Branche gesichert und die Kapazitäten würden noch immer erweitert werden müssen.

Deshalb hat das Schmuckgewerbe, wenn nicht eine Weltkatastrophe eintritt, eine glänzende, eine »goldene« Zukunft und einen Höhenflug vor sich, dessen Ausmaße noch gar nicht zu übersehen sind. Dies waren wohl auch die Erwägungen, welche das Idarer Gründerteam bei dem Entschluß beherrschten, eine Börse zu bauen. In einmütiger Entschlossenheit und mit Unterstützung der politischen Gremien, vor allem des Stadtrats, wurde sie in Rekordzeit hochgezogen, und der Oberbürgermeister der Stadt, Dr. Wittmann, nahm als städtischer Repräsentant an den meisten good-will-Reisen zu den großen Weltbörsen teil, auf denen der Börsenvorstand deren Status und Management studieren wollte, um der Idarer Börse von vornherein jenen full service zu sichern, der sie zu einer der modernsten der Welt machen sollte.

Die Diamant- und Edelsteinbörse Idar-Oberstein ist eine Anwesenheitsbörse. Käufer, Verkäufer und Ware müssen also in der Börse anwesend sein, damit ein Handel zustande kommt. Während sich aber dieses Erfordernis für die Diamantbörse Frankfurt erst noch bewähren muß, war es für Idar schon immer eine Selbstverständlichkeit.

Wer Diamanten einkaufen will, für den gab es bisher die verschiedensten Möglichkeiten. Er konnte sie an sehr vielen Plätzen in der Welt erwerben, u. a. auch natürlich in Frankfurt. Dort saßen sogar im – jetzt verschwundenen – Café Kranzler an der Hauptwache die Kontrahenten zusammen, um bei einer Tasse Kaffee Ware auszutauschen.

Wer Farbedelsteine kaufen will, für den führt kein Weg an Idar vorbei, und wenn er am Ende Europas wohnt. Nur hier findet er eine weltweite Sortierung, nur hier kann er zwischen Dutzenden von Firmen einer einzigen Stein-Kategorie wählen, nur hier findet er Groß-, Mittel- und Kleinbetriebe je nach Wunsch, die ihm allesamt eine Auswahl, eine Sortierung und einen Preisspiegel bieten können, wie er nirgends in der Welt wieder anzutreffen ist. Außerdem sind in Idar-Oberstein Schleifer und Händler beieinander, häufig sogar identisch – was der Käufer auch immer sucht, und wenn es die ausgefallenste Ware ist – hier findet er sie oder man kann sie ihm auf die einfachste Weise beschaffen – durch Verweisung an eine andere befreundete Firma oder durch Anfertigung an Ort und Stelle.

So kann man in Idar-Oberstein nicht nur Diamant-Sortimente in voller Breite finden, sondern auch und vor allem alle nur möglichen Sortimente in Farbsteinen. Verbunden damit ist die Direktbelieferung vom Schleifer oder Händler und der Bezug aus erster Hand, so daß eine Umwegbelieferung entfällt. Preispolitisch ist das in einer solchen Spezialindustrie ausschlaggebend. Die Handelskette fällt weg oder sie wird verkürzt, die Zwischenhandelskosten liegen niedriger. Daß die meisten Idarer Branchenangehörigen sich mit dem Käufer zumindest in englisch unterhalten können, erleichtert den Handel.

Wir hatten gesehen, daß es bereits beim Diamanten über 250 Qualitätsgrade gibt und daß ein gut sortiertes Lager in diesen Steinen eine riesige Warenmenge erfordert.

Wenn man das auf Farbsteine projiziert, wenn man allein nur 54 handelsübliche Steingattungen nimmt – in Wahrheit sind es mehr – so kommt man auf Sortimente, die in die Millionen Nummern gehen. Und in der Tat sind diese in Idar-Oberstein vorhanden. Die etwa 800 Firmen der Branche repräsentieren einen Warenbestand, der in Qualität und Quantität überhaupt nicht zu überschauen ist und den es nur an einem einzigen Ort in der Welt gibt – eben hier. Deshalb gab und gibt es die vielen hundert Besucher, sprich Einkäufer, die hier jeden Tag von Firma zu Firma in der Stadt und auf dem Lande pilgern und sich aus den vorhandenen Beständen das heraussuchen, was sie brauchen. Umgekehrt bieten Verkäufer aus aller Welt ihre Steine an, aber dieses Geschäft tritt hinter dem Einkauf zurück, weil hier die direkten Einkaufsbeziehungen von in- und ausländischen Partnern dominieren. Oder weil die meisten Idarer Firmen von ihren eigenen ausländischen Niederlassungen oder Agenten direkt beziehen.

Wegen der Markttransparenz allein also hätte man die Diamant- und Edelsteinbörse Idar-Oberstein nicht errichten brauchen, denn diese gab es schon immer. Nur waren die Vergleichsmöglichkeiten verzettelt, und es bedurfte einiger – wenn auch platzgebundener – Umwege, um sie optisch zu maximieren. Und das ist mit der Börse geschehen. In ihr ist eine Firmenauswahl (Auswahl auf freiwilliger Basis) konzentriert, welche die Basis der Markttransparenz repräsentiert und die bei einer Hochrechnung praktisch für den ganzen Platz konform ist.

Durch Errichtung der Börse sind aber auch eine größere Anzahl nicht nur inländischer, sondern vor allem ausländischer Firmen nach Idar gezogen worden, die anders nicht hierher gekommen wären, und bei denen es sich zum großen Teil um Edelsteinproduzenten oder -händler handelt. Daß darunter auch Konkurrenten hiesiger ansässiger Firmen sind, mußte in Kauf genommen werden. Jedenfalls ist der Börsenvorstand der Auffassung, daß man, um den Anspruch Idars auf Welthandelszentrum für Edelsteine zu rechtfertigen und aufrechtzuerhalten, diese Markterweiterung sogar begrüßen mußte, auch auf die Gefahr hin, daß hierin möglicherweise ein Einpendeln der Preise liegen könnte. Man kann auch sagen: Konkurrenz belebt das Geschäft.

Auswahlreichtum, Vorratshaltung und Spezialisierung – alles an einem Ort – das sind tragende Säulen des Weltzentrums für Edelsteine Idar-Oberstein. Das gilt aber nicht nur für Edelsteine im engeren Sinne, sondern auch für alles, was nur im entferntesten damit zu tun hat. Idar-Oberstein hat – außer einer großen Zahl von Modeschmuck-Herstellern – auch etwa 100 Unternehmen der echten Schmuck-Branche sowie damit in Verbindung stehenden Betrieben. Es ist aber auch ein Perlenhandels-Zentrum ersten Ranges mit direkten Einkaufsbeziehungen zu Japan. Einige Firmen befassen sich sogar mit dem Handel in Orientperlen, der hier früher in Verbindung mit Perlenschneiden und -bohren eine dominierende Rolle spielte. Alles, was in den früheren Kapiteln dieses Buches ausführlich behandelt wurde, wird hier in Idar-Oberstein gehandelt oder hergestellt, und eine konzentrierte Auswahl von alledem findet man in der Börse vertreten. Damit ist jedoch ihr Aufgabengebiet noch nicht erschöpft. Um es attraktiver zu machen, wurden in ihrem Rahmen und unter ihrem Dach noch folgende Einrichtungen geschaffen:

3. Ständige Edelstein-Sonderauflagen

Im Börsensaal finden »Ständige Edelstein-Sonderauflagen« statt, die einen besonders breiten Marktüberblick gewähren. An ganz bestimmten, langfristig festgesetzten Tagen werden ausgewählte Edelsteinarten, stets wechselnd, von einer jeweils begrenzten Anzahl Firmen feilgeboten, und zwar in rohem und geschliffenem Zustand. Ein Blick in die Sonderverkaufsauflagen von August bis Dezember 1974 zum Beispiel zeigte folgende Termine

Jeweils montags und dienstags alle 14 Tage: Smaragde – Rubine – Safire

Jeweils mittwochs: Diamanten

Jeweils donnerstags: Rohstein-Versteigerungen (Amethyste, Citrine u. a.)

Jeweils freitags (alle 14 Tage): Opal — Türkis — Lapis — Malachit — Chrysopras — Jade — Mondstein — Amazonit — Labradorit — Feldspäte — Perlen — Zuchtperlen — Korallen — Bernstein

Jeweils montags und dienstags (alle 14 Tage): Tansanite — Aquamarin — Berylle — Chrysoberylle — Alexandrite — Turmaline — Granate — Edeltopase — Peridot — Zirkon — Spinell — Spodumene (Kunzite)

Jeweils freitags (alle 14 Tage): Amethyste — Citrine — Rauchtopas — Bergkristall — Rhodochrosit — Hämatit — Tigerauge — Achat — Jaspis — Rosaquarz — Aventurin u. a. Quarze — Rhodonit-Edelstein-Raritäten — Mineralien — Synthetische Steine.

Wie man der Aufstellung entnehmen kann, finden an bestimmten Donnerstagen Rohsteinversteigerungen im Börsensaal statt. Das sind Auktionen suis generis, d. h. althergebrachte, aus dem Jahre 1834 stammende Versteigerungen von Rohsteinen, hauptsächlich Achaten, Quarzen und sonstigen teilweise schwergewichtigen Steinen, die bisher in den Lokalen abgehalten wurden und die nur von Firmen mit Zulassungskarten besucht werden durften, die der Auktionator im Auftrage der versteigernden Firma an Interessenten ausgab. Hierbei werden seit dem genannten Jahr bestimmte Regeln eingehalten, die solchen Veranstaltungen einen eigenen Reiz geben. Nunmehr gehen immer mehr Firmen dazu über, diese Versteigerungen in den Börsensaal zu verlegen. Wenn die zu versteigernden Rohsteine zu schwer sind — es handelt sich oft um viele Zentner — so werden sie auf dem Freiplatz unter dem Börsensaal zur Besichtigung ausgestellt.

Bei den Sonderverkaufs-Auflagen bestimmter Edelsteine können täglich eine bestimmte Anzahl Mitgliedsfirmen des Börsenvereins ihre Produkte in rohem und geschliffenem Zustand zum Verkauf anbieten. Sollten sich mehr Firmen als geplant für eine tägliche Sonderauflage anmelden, so wird die Teilnahmeberechtigung der Firmen durch das

Los ermittelt. Die Auslosung nimmt ein Vorstandsmitglied der Börse, das die betreffende Steinart selbst nicht in seinem Verkaufsprogramm führt, zeitgerecht in den Geschäftsräumen des Börsenvereins vor.

Anmeldende Firmen, denen durch Losentscheid kein Tisch zugeteilt werden konnte, werden beim nächsten Verkaufstermin für die gleiche Steinart bevorzugt behandelt. Neben der Auslosung der teilnahmeberechtigten Mitgliedsfirmen findet gleichzeitig eine Auslosung über die vorhandenen durchnumerierten Tische statt. Das ist wichtig vor allem wegen der Lichtverhältnisse, obwohl der Börsensaal sowieso lichtgünstig angelegt wurde (Nordlicht). Die Sonderauflagen erfolgen von 10 bis 16 Uhr durchgehend. Die teilnahmeberechtigten Firmen haben von 8 bis 10 Uhr Gelegenheit, ihre rohen und geschliffenen Steine aufzulegen.

Zutritt zum Börsensaal haben bei Vorlage ihrer Mitgliedskarte die ordentlichen und Zusatzmitglieder des Börsenvereins. Sie besitzen das Recht, Besucher, die in der Diamant- und Edelsteinbranche tätig sind, in die Geschäftsräume der Börse und den Börsensaal einzuführen. Bei deren Betreten hat der Besucher seinen Namen in ein aufliegendes Register einzutragen und für die Tageskarte einen bestimmten Betrag zu entrichten. Das Börsenmitglied muß gegenzeichnen und für die Geschäfte des Besuchers einstehen.

4. *Ständige Musterschau*

Die Ständige Musterschau in der Börse ist ebenfalls nur für den Fachhandel zugänglich. Sie präsentiert in 211 Vitrinen das Herstellungsprogramm von 200 Firmen der Branche, vorwiegend aus Idar-Oberstein. Eine solche Musterausstellung befindet sich übrigens auch in den Räumen der Industrie- und Handelskammer Idar-Oberstein.

5. *Deutsches Edelstein-Museum*

Für die Tausende von Touristen aus aller Welt steht im Gebäude der Börse das Deutsche Edelstein-Museum zur Verfügung. Es ist der Nachfolger der weltberühmten Edelstein-Ausstellung in der ehrwürdigen Gewerbehalle, die bereits 1894 errichtet wurde und in den seither verflossenen Jahrzehnten zum Symbol der uralten Edelsteinstadt Idar geworden ist. Ich selbst konnte zusammen mit der Gewerbehallenkommission, der prominente Edelsteinhändler angehörten, den letzten Umbau der Halle in den Jahren 1936/37 leiten und in dem modernen Haus dann in der Folge Staatsmänner und Würdenträger aus aller Welt in der Ausstellung begrüßen. Eine der letzten Persönlichkeiten, an die ich mich erinnere, war Generalfeldmarschall von Witzleben, der zusammen mit seinem Adjutanten von Hülsen die Gewerbehalle besichtigte — ein Jahr vor seiner Verhaftung.

Nun ist das Deutsche Edelstein-Museum an ihre Stelle getreten und setzt die bald hundertjährige Tradition fort. Das Museum wird von einem Museumsbeirat betreut, dem noch viele Persönlichkeiten aus der alten Gewerbehallen-Kommission angehören und dessen Vorsitzender, Herr Gerd Becker, auch den neuen Namen vorschlug: Deutsches Edelstein-Museum.

Geschäftsführer ist Herr Rechtsanwalt Dr. Max Günther, der auch den Bundesverband der Edelstein- und Diamantindustrie, den Verband der Edelstein- und Diamantindustrie, den Industrieverband Schmuck- und Metallwaren sowie den Börsenverein leitet, der Träger der Diamant- und Edelsteinbörse ist. Dr. Günther beziffert die Zahl der jährlichen Besucher des Museums auf 100 000, und zwar gleich im ersten Jahr seines Bestehens. Damit trägt es sich selbst, während die meisten Museen bekanntlich subventioniert werden müssen. Anziehungspunkte neben den stationären Schätzen des Museums, die fast ausschließlich aus Leihgaben Idar-Obersteiner Firmen bestehen, sind die ständig wechselnden Sonderschauen, wie »Opale aus Australien« oder riesige Exemplare von Roh-Safiren oder sogar Mondgestein, das wahrscheinlich 1975 gezeigt werden kann.

6. Die deutschen Börsen im Kranz der Weltbörsen

Mit der Eröffnung der Diamantbörse Frankfurt wurde zugleich die 15. Diamantbörse der Welt ihrer Bestimmung übergeben. Von den bisher schon bestehenden befinden sich vier in Antwerpen und je zwei in New York und London, weitere in Ramat Gan (Israel), Johannesburg, Amsterdam, Mailand, Wien und Paris. Die erste Diamant- und *Edelstein*börse wurde, wie wir sahen, in Idar-Oberstein errichtet.

Die Bedeutung dieser Diamantbörsen und ihre Funktionen sind sehr unterschiedlich. Das Hauptangebot besteht fast überall in geschliffenen Schmuck-Diamanten. In Rohdiamanten sind z. B. der London Diamond Club und der Antwerpener Diamantkring spezialisiert.

Industriediamanten werden in der Amsterdamer Börse und im Diamantkring Antwerpen geführt.

Als Produktionsbörsen kann man diejenigen in Antwerpen, New York, Ramat Gan und Idar-Oberstein, wenigstens teilweise, bezeichnen. Sie haben Diamantschleifereien und — Idar-Oberstein! — Edelsteinschleifereien am Ort. Vor allem die ersten beiden sind gleichzeitig in großem Maßstab auch Import- und Handelsbörsen. Die Antwerpener Börsen üben gleichzeitig in erheblichem Maße und die Amsterdamer Börse in geringerem Umfang Transitfunktionen aus, d. h. die Ware kommt aus anderen Schleifländern und wird von hier reexportiert.

Frankfurt ist praktisch eine reine Handelsbörse mit einer gewissen Schleifbasis in Hanau und Idar-Oberstein, soweit es Diamanten betrifft. Gehandelt werden in Frankfurt geschliffene Diamanten, Rohdiamanten und Industriediamanten, außerdem auch Perlen, Rubine, Safire und Smaragde. Nicht gehandelt dagegen werden Schmucksteine.

In Idar-Oberstein werden umgekehrt vor allem sämtliche Schmucksteine und Hochedelsteine, Perlen, synthetische Steine und alles, was zu diesen Kategorien gehört, gehandelt, ferner alle Diamanten, Industriediamanten und sonstige Erzeugnisse der Edelstein-, Diamant- und Schmuckindustrie. Das Angebot ist also ausgesprochen kompakt.

7. Weltföderation der Diamantbörsen

Die erwähnten Börsen sind in der Weltföderation der Diamantbörsen als Dachorganisation zusammengefaßt, deren Hauptziel die Vereinheitlichung der Börsenregeln der verschiedenen Diamantbörsen ist. Amtierender Präsident ist Dr. Jacques Nutkewitz, Antwerpen, Generalsekretär S. Winnikow, Tel Aviv. Präsident der Frankfurter Börse ist Dr. Miller, während die beiden Präsidenten der Idar-Obersteiner Börse Herr Konrad Wild (Edelsteinindustrie) und Herr Gustav Manz (Diamantindustrie) sind.

Der nächste Weltkongreß der Diamantbörsen ist 1975 in Amsterdam, wo auch die Aufnahmeanträge der beiden deutschen Börsen auf der Tagesordnung stehen. Weitere Börsengründungen stehen bevor. In Israel befindet sich ein zweites Börsengebäude im Bau, während in Bombay eine solche Börse geplant ist, ebenso wie in Belo Horizonte (Brasilien), wo man an die Errichtung einer Edelsteinbörse denkt.

Allen Diamant- und Edelsteinbörsen ist gemeinsam, daß sowohl die Aufnahmebedingungen als auch die Mitgliedschaft an strenge Regeln gebunden sind. Meistens wird eine mehrjährige Zugehörigkeit zu der betreffenden Branche gefordert. Der einwandfreie geschäftliche Leumund wird überprüft und zwei Referenzen werden gefordert. Die Bewerber werden zunächst auf Probe aufgenommen. Sie müssen sich den Börsenregeln und dem Spruch der Börsenschiedsgerichte unterwerfen. Alle Neuaufnahme-Anträge werden für alle Mitglieder sichtbar im Börsensaal aufgehängt.

Diese Regeln sind deshalb so streng, weil das Diamant- und Edelsteingeschäft weitgehend eine Sache des Vertrauens ist. Deshalb ist die Mitgliedschaft auch stets auf die einzelne Person, nicht aber auf die Firma bezogen. Die Börsen der Welt stehen untereinander in Kontakt, um Mißbrauch der Börsenregeln für alle gemeinsam auszuschalten.

All dies wirkt sich bis zum letzten Verbraucher von Edelsteinen, Diamanten und Juwelen aus. Keine Ware der Welt unterliegt einer so strengen Überprüfung nach Preis und Qualität wie diese Luxusgüter. Daß deshalb die zuständigen Organe weltweit versuchen, Betrugsmanöver von vornherein auszuschalten, kann der gemeinsamen Vertrauensbasis nur dienlich sein.

8. Internationaler Schmuckwettbewerb

Die Idar-Obersteiner Verbände schreiben alljährlich einen Schmuckwettbewerb mit beachtlichen Preisen aus, die bei einer Abschluß-Veranstaltung im großen Börsen-Saal verteilt werden. Da ich zu dieser keinen Zutritt habe, ist eine detaillierte Schilderung nicht möglich.

Edelsteine, Gold und Schmuck — nur eine Geldanlage?

Klythaemnestra sagt in »Elektra« von Richard Strauß: »Warum bin ich so behängt mit Steinen? Es ruht in ihnen eine Kraft, man muß sie nur zu nutzen wissen!« In »Medea« von Euripides heißt es: »Mehr als tausend Gründe wiegt des Goldes Macht« und ein russisches Sprichwort meint, ein goldener Schlüssel schließe das Zarenherz auf. Alle drei Aussagen wollen verdeutlichen, es solle die Kraft von Gold und Edelsteinen aktiviert werden. Man kann, so dürfen wir hinzufügen, mehr aus ihnen machen, als sie lediglich zu Thesaurierungszwecken zu benutzen, und sei es auch nur — auf unsere Zeit bezogen — um mit ihrer Hilfe der Inflation zu entgehen. Das ist natürlich ein bißchen weit hergeholt, aber daß Edelmetalle und Edelsteine im Gegensatz zum fallenden Geldwert ihren Wert nicht nur halten, sondern ihn im Laufe der Jahre noch steigern, ist sicher und bewiesen; wer sie besitzt, wird nicht ärmer, sondern reicher.

Nur — ist das alles? Macht allein dies ihren Wert aus? Soll man wirklich nur warten, bis thesaurierte Edelsteine und in den Tresor verbanntes Gold ihren Mehrwert abwerfen?

Bei einem Besuch des Schweizer Romanciers John Knittel, des Autors von »El Hakim« und »Via mala« in seinem noblen Heim in Maienfeld bei Bad Ragaz erzählte er mir, er sei einmal von einem indischen Maharadscha eingeladen und dabei gebeten worden, er möge zwei deutsche Juweliere ausfindig machen, die bereit wären, die Gold- und Edelsteinschätze des Fürsten zu katalogisieren. Knittel habe den Auftrag an zwei prominente Fachleute weitergeleitet, die bereit waren, das fürstlich honorierte Angebot zu akzeptieren. Sie begannen die in weitläufigen Kellern des Schlosses angehäuften Schätze zu inspizieren, aber nach drei Monaten waren sie noch immer nicht in der Lage, sie auch nur zu überblicken, geschweige denn zu bewerten und zu kategorisieren. Es waren Werte, die in die Millionen und Abermillionen gingen; ungeordnet, in Schränken, Kästen, Truhen und Säcken lagen sie da, tief unter der Erde, totes Kapital – Schätze, die Tausenden und Abertausenden von hungernden Landsleuten des Maharadscha das Leben hätten retten können. Die Juweliere gaben dem Fürsten den Auftrag zurück. Sie hätten Jahre gebraucht, um ihn auszuführen.

Nein, wenn man Gold und Edelsteine erwirbt, sollte man sie nicht *nur* thesaurieren. Dann hätte man ebensogut wertvolle Briefmarken oder Grundstücke kaufen können. Dann könnte man auch Tevje, dem Milchmann in »Anatevka« nicht Primitivität vorwerfen, wenn er sich unter Reichtum nur sein Weib vorstellen konnte, das herumstolziert »beladen mit Geschmeide und aufgedonnert wie ein Pfau«.

Natürlich kann er Wohlstand und Glück bedeuten, Macht und Erfolg. Aber macht Reichtum allein glücklich? In Saadi, Sinngedichte 238 heißt es:

Der eine sprach: Im Golde liegt das Leben,
Denn beide Welten kann das Gold dir geben.
Was nützt mir Tapferkeit und Kraft und Ehr,
Wo Gold fehlt, ist der König ohne Heer.
Wer leere Hände hat und Ehr in Fülle,
Ist wie ein häßlich Weib in schöner Hülle,
Er gleicht dem Vogel, dem ein reich Gefieder
Umfängt die magren, spindeldürren Glieder.
Nein, sprach darauf der andere, nicht das Geld –
Der Rang ist's, der den Menschen höher stellt.
Wie tief steht, dessen Name unbekannt
Und wär auch golden seines Hauses Wand.
Darum sei Rang, nicht Gold des Klugen Streben,
Ist doch mit Rang alsbald auch Gold gegeben.
So jene. Was meint Saadi? – Nun, daß weit
mehr gilt als Rang und Gold – Genügsamkeit.

Nun wurde dies Buch beileibe nicht geschrieben, um über Gold und Edelsteine zu philosophieren, aber es ist doch gut, sich hin und wieder der Werte zu erinnern, um deretwillen wir sie ja letzten Endes – neben anderen Erwägungen – eben doch kaufen: um ihrer Schönheit und um der Liebe willen. Wir wollen jemand damit eine Freude machen, und Gold und Edelsteine sind nun einmal das klassische Geschenk der Liebe. Und unter diesem Stichwort – Diamanten sind Geschenke der Liebe – hat ja das Diamantsyndikat auch den größten jemals gestarteten Werbefeldzug gewonnen. Riesige Mittel sind dafür eingesetzt worden, weltweit, es wurden nationale Diamantkomitees in der ganzen westlichen Welt gegründet, die bedeutendsten PR-Firmen wurden mobilisiert, die in allen Welt-Illustrierten und Magazinen ganzseitige Farbinserate veröffentlichten. Erfolg: 1974 wurden viermal soviel Diamanten verkauft wie vor acht Jahren. Deutschland stieg zum zweit- bzw. drittgrößten Abnehmer von Diamanten auf, 1963 besaßen 15 % der weiblichen Bevölkerung der Bundesrepublik Diamantschmuck, 1974 waren es 24 %. Also ein Viertel der deutschen Frauen besitzen Diamanten. In den USA liegt diese Quote bei 70 bis 80 %. Zur Zeit werden bei uns im Jahr 820 000 Diamantkäufe vom Publikum getätigt. Darin sind 120 000 Diamantringe zur Verlobung oder Hochzeit enthalten. Fast jede dritte Hochzeit ist eine diamantene – es werden Diamantringe geschenkt. Aber das ist noch nicht alles. Eine neue große Werbekampagne hat begonnen: Für den Memoire-Diamantring. Zum 5. oder 10. Hochzeitstag schenkt »er« »ihr« einen »Memoire-Ring«. Diamantene Zeiten stehen unseren Frauen bevor, denn in USA, England und Frankreich erfreut sich dieser Ring längst großer Beliebtheit.

Geschenke der Liebe, diamonds are forever, der Diamant ist unvergänglich, ebenso wie das Gold: Das sind keine Schlagworte, sie sind buchstäblich wahr. Hoimar von Dithfurth hat in seinem neuen Buch »Im Anfang war der Wasserstoff« bewiesen, daß sie auch die *edelsten* Geschenke der Erde und ihre ältesten dazu sind, denn sie entstanden gleich mit der Materie überhaupt. Gold ist ein Element, das – wenn man Dithfurth glauben darf – aus dem Urstoff Wasserstoff vor acht Milliarden Jahren hervorging, und vor sechs Milliarden Jahren wurde unser Planetensystem und damit die Edelsteine geboren. Und selbst wenn sie nicht alle gleichzeitig im statu nascendi waren und wir einige Milliarden Jahre zugeben, so sind sie dennoch auf jeden Fall älter als irgend etwas sonst auf der Erde, das so, wie es entstanden ist, wir in unserer Hand halten können, man denke! Jedes Körnchen Gold ist Urmaterie, jeder Edelstein. Wenn man sich dies Unvorstellbare dennoch vergegenwärtigt, verblassen für den Augenblick wohl alle anderen Überlegungen, die wir an den Erwerb von Gold und Edelsteinen knüpfen.

Kehren wir aber zum Abschluß dieses Buches noch einmal zu dessen Sinn und Zweck zurück, der doch letztlich – man braucht dabei wirklich keinen metaphysischen Überlegungen nachzuhängen – darin liegt, Trost zu spenden. Trost in diesen schweren Zeiten der Währungs-Zerrüttung in aller Welt, daß es doch noch etwas gibt, an das man sich klammern kann, finanziell gesehen. Im Augenblick sind die Menschen verängstigt, haben Furcht vor der Zukunft, sie wollen wohl sparen, möchten aber dennoch einen Teil des Ersparten sicher anlegen. Diese nackte Angst vor der Inflation, diese ständige Hetze nach Wertbeständigem, die ewige Hoffnung auf Anlagesicherheit bringt, wie wir sahen, die Menschen zu Überlegungen, die zunehmend um Gold und Edelsteine und alles, was damit zusammenhängt, kreisen.

In den Ländern mit hoher Geldentwertungsrate, wie vor allem Italien, Frankreich und England, flüchten die Menschen förmlich in die geheime weiße Währung, in Diamanten und in den Krüger Rand, den die südafrikanische Münze gar nicht so schnell prägen kann wie er verkauft wird. Die Monatserzeugung von 75 000 Stück in 1974 war sofort ausverkauft. Das läßt mich an die Gold-Anekdote des Griechen Herodot denken, die Martin Ungerer in der Schweizerischen Handelszeitung vom 7. 3. 1974 so nett erzählt:

Karthager und die Bewohner der goldreichen Nigerländer tauschten stets Ware gegen Gold. Die Karthager legten ihre Ware an den Strand und zogen sich zurück. Dann kamen die Küstenbewohner und türmten ihr Gold daneben und zogen sich ihrerseits zurück. Das ging so hin und her, bis jede Seite mit der Offerte der anderen einverstanden war. Und Herodot schreibt: »Die einen berührten weder das Gold, bis es dem Wert der Ware gleichkäme, noch die anderen die Waren, bis jene das Gold genommen hätten.« Frankreich macht es heute nicht anders: Es legt Waffen und Entwicklungsprojekte auf den Tisch der Ölscheichs.

Wenn heute mit immer größerem Nachdruck gefordert wird, die Notenbanken sollten ihre riesigen Goldreserven abstoßen, damit sie nicht selbst zu einer der schlimmsten Inflationsquellen würden, so setzt Ungerer dem entgegen, daß, je höher der Goldpreis steigt, desto rascher das Gold seine Qualifikation als Währungsreserve verliere. Das heute einer Goldreserve innewohnende Inflationspotential bedeutet für jede Notenbank mehr (Inflations-)Bürde als (Reserve-)

Würde. Die Demonetisierung des Goldes als Währungsreserve ist daher so oder so schon vorgezeichnet. Bis es indessen soweit ist, dürfte noch manches »Rheingold« den Rhein hinab fließen.

Ich bringe diese Überlegungen abschließend ins Spiel um darzutun, daß niemand eine Garantie für die Wertbeständigkeit selbst des Goldes übernehmen kann. Preise von 200, 300 oder 400 Dollar je Unze können Fantasie sein, aber selbst die bedeutendsten Währungsexperten wissen es nicht.

Ob Gold und Edelsteine die so gepriesenen Anlagewerte darstellen, kann man mit realen Berechnungen unter Heranziehung statistischer Daten beweisen – ich habe es jedenfalls versucht –; garantieren kann ich es nicht. Dieses Ansinnen wird auch keiner meiner Leser stellen, dessen bin ich sicher.

Dennoch braucht niemand gleich in ein nihilistisches »rien ne va plus« zu verfallen, »an was soll man denn nun überhaupt noch glauben«.

Alle diese schönen Dinge, diese »beautiful things«, wie sie die englische Königin einmal nannte (»they are a joy for ever«) – die ich in diesem Buch beschrieb – sie alle darf man getrost kaufen. *Sie sind ihr Geld wert,* auch dann, wenn die Mark wieder eine Mark sein und bleiben sollte. Mit ihnen kann man sich nicht verkaufen, mit Gold und Edelsteinen nicht und allem, was dazu gehört, zumal ja der Vernünftige stets nur einen Teil seiner Ersparnisse in sie investieren wird.

»Edel bleibt ein Edelstein, und läg' er im Staube,
Flög er gen Himmel, bleibt Staub was er ist«,

sagt Herder im Rosental.

Nur rein und echt muß er sein, schön, wie ihn die Natur geschaffen hat. Ein Diamant *kann* Einschlüsse haben; sie zu entdecken muß man ihn aus seiner Fassung herausnehmen, die solche Einschlüsse verbergen könnte; die Fassung der Edelsteine, sagte Börne in seiner Gedenkrede auf Jean Paul in Frankfurt im Jahre 1825 – die Fassung der Edelsteine erhöht ihren Preis, nicht ihren Wert.

Ein welterfahrener Edelsteinschleifer aus Idar-Oberstein, der schon viele Edelsteine mit seinen Händen geliebkost hat (und sicher auch manche schöne Frau), sagt dies mit anderen Worten auf seine Art:

Edelsteine gleichen den Frauen: man muß sie aus der Fassung bringen, um ihre Qualitäten voll beurteilen zu können.

Literaturhinweise

Bank, Hermann, Von Edelsteinen und Perlen, Pinguin-Verlag 1970

Bank, Hermann, Aus der Welt der Edelsteine, Pinguin-Verlag 1971

Brandt, Hans Peter, Die Leiningischen Amtleute zu Oberstein, Heimatkalender Birkenfeld 1961

Chudoba und Gübelin, Edelsteinkundliches Handbuch, Bonn 1966

Eppler, W. F., Edelsteine und Schmucksteine, Leipzig 1934

Falz Ernst jun., Die Idar-Obersteiner Schmucksteinindustrie, Idar 1926

Falz Ernst sen., Von Menschen und edlen Steinen, Idar-Oberstein 1939

Fischer, Walter, Die Vorgeschichte der Idar-Obersteiner Achatschleiferei, Heimatkalender Birkenfeld 1957

Gabriel, Lothar, Die Edelstein-Industrie in Idar-Oberstein, Dissertation, Mainz 1961

Hahn, Max, Edelsteinkunde leicht gemacht, Idar-Oberstein 1966

Lenzen, G., Handelsbrauch als Inhalt der gegenwärtigen Diamant-Nomenklatur. »Gold und Silber« 1968

Lenzen, G., Kurzgefaßte Diamantenkunde für den Fachhandel 1971

Morenz, Arno, Das Management der Innovation i. Robert K. Mueller, Herder u. Herder-Verlag, Frankfurt 1973, Anhang.

Morenz, Oswald, Wie kauft man Diamanten, Farbsteine, Perlen, Schmuck, Econ Verlag 3. Aufl. 1971

Morenz, Oswald, Schmuck und Steine, Heyne-Verlag 1968

Morenz, Oswald, Die Edelstein- und Schmuckwarenindustrie von Idar-Oberstein, Deutsche Zeitschrift für Wirtschaftskunde Berlin 1937

Pagel-Theisen (Theisen Verena), Die 4 C in Amerika. Diamant-Graduierung drüben. DGZ 10—12/1967

Pagel-Theisen, Handbook of Diamond Grading, Frankfurt 1973

Strunz, H.: Mineralogische Tabellen, Leipzig 1966

Wild, Georg O., Praktikum der Edelsteinkunde, 4. Aufl. Stuttgart 1936

Wild, Klaus-Eberhard, Das Steinschneider- bzw. Edelsteingraveurgewerbe in Idar-Oberstein, Zeitschrift der Deutschen Gesellschaft für Edelsteinkunde, Idar-Oberstein 1964

derselbe, Das ist Idar-Oberstein, Westreich-Verlag, Idar-Oberstein 1965

Namens-Verzeichnis